社会的養護シリーズ ②

施設養護実践とその内容

庄司順一・鈴木 力・宮島 清 ◆編

鈴木 力／尾島 豊／山内陽子／谷口純世／相澤 仁／有村大士／側垣二也
太田一平／野口啓示／安部慎吾／星野崇啓／武藤素明／窪田道子
村井美紀／スティーヴン・トムソン／永井 亮

福村出版

[JCOPY]〈(社)出版者著作権管理機構 委託出版物〉
本書の無断複写は著作権法上での例外を除き禁じられています。複写される場合は、そのつど事前に、(社)出版者著作権管理機構(電話 03-3513-6969、FAX 03-3513-6979、e-mail: info@jcopy.or.jp)の許諾を得てください。

テキスト「社会的養護シリーズ」の刊行にあたって

　子ども虐待の相談件数の増加を背景に，社会的養護への関心が高まってきています。しかし，その実態，課題はあまり知られていませんし，適切な教科書もありません。福祉系，保育系の大学等でも，児童福祉施設に関しては「養護原理」「養護内容」として取り上げられますが，その内容は理念的，制度的な，あるいは一般的な内容にとどまっていることが多いように思われます。社会的養護において，推進が目指されている家庭的養護（里親やいわゆる里親ファミリーホームなど）は，そのような授業科目がほとんどないですし，児童福祉関係の授業の中で簡単に説明されるにとどまっていると思われます。子ども虐待と，虐待を受けた子どもを保護し，養育する場としての里親や施設，また在宅支援を充実していくためには，この分野の現状と課題を多くの方に理解していただくことが不可欠といえるでしょう。

　そこで，福村出版株式会社のご理解を得て，社会的養護に関する教科書シリーズを発刊することにいたしました。福祉，保育を中心に，教育，心理学を学ぶ学生を視野に入れた，社会的養護分野の教科書です。

　本シリーズの特色として，教科書として利用していただくために，各巻15単元で構成しました。より専門的な学習の基礎となるよう，内容は標準的で，わかりやすいものを意図しました。標準的という意味は，あまり特定の分野に偏らないものということです。本書を読めば，その分野の概観が得られるものとなります。わかりやすいというのは，読みやすく，簡潔な記述になっているということとともに，養育やケアの実際の姿にも触れてあるということです。

　本シリーズをとおして，社会的養護を学び，さらに関心を高めていただければ幸いです。

　　　　　　　　　　　　　　　　　　　　　　　編者　庄司順一
　　　　　　　　　　　　　　　　　　　　　　　　　　鈴木　力
　　　　　　　　　　　　　　　　　　　　　　　　　　宮島　清

社会的養護シリーズ〈全4巻〉

1 里親養育と里親ソーシャルワーク
里親ソーシャルワークを重要な柱と位置付けつつ「里親」を総括的に学ぶことが出来ます。

2 施設養護実践とその内容
施設養護内容について体系的に幅広く理解するため，施設養護の実際や新たな知見についても網羅されています。

3 子ども虐待の理解・対応・ケア
虐待の実態と，虐待と最前線でたたかう各執筆者の知見から子ども虐待を乗り越える方略を考えます。

4 子ども家庭支援とソーシャルワーク
さまざまな課題を抱える子どもと家族への在宅支援について，ソーシャルワーク実践を創るための提案を学びます。

はじめに

　児童養護施設などでの社会的養護への関心が高まった出来事が，2011年初頭の冬から春にかけて起こりました。いわゆる「タイガーマスク現象」「伊達直人現象」として，全国各地の児童養護施設などにランドセルなどの物品や金品が送られることが一大ブームとなり，児童養護施設などの施設養護の内容などの報道が多くされました。しかし，それは突然終焉し，人々の関心やあるいはこの「記憶」もすでに遠くのものになってしまいました。2011年3月11日，日本の歴史上これからも語り継がれる（そして，いまだに多大な影響を与えている）「東日本大震災」が発生したためです。

　この東日本大震災は現在「3・11前」「3・11後」という言葉がいわれるように，これからも長く日本のあり方そのものに大きく影響していくことでしょう。またその影響は施設養護などの社会的養護にもかかわります。実際に数百人の子どもが両親を失い，1,000人をはるかに超える子どもがどちらかの親を失いました。被災地の復興はまだまだ途上であり，今後も被災した家族がさまざまな課題に直面し，社会的養護が必要となる可能性があります。

　また今日児童相談所の子ども虐待相談処理件数の推移から明らかなように，子ども虐待が急増しています。これは児童相談所が相談処理をした件数であり，実際にはその背後にはこれをはるかに上回る子ども虐待（Child Abuse）や子どもに対する不適切な対応（Child Maltreatment）が存在していることでしょう。さらに子ども虐待のほか，子どもの「貧困」，家族機能の不全など，さまざまな理由から家族と暮らすことができなくなり，社会的養護の下で生活する子どもたちが多くいます。

　一般的には，児童相談所がこのような家族のなかで起きるさまざまな問題に対応し，そして子どもが保護されれば一件落着したように思われています。しかし，たとえば保護されたあとに子どもや家族が回復し，問題を改善し，解決するためには，その後の援助や支援が適切に行われることが不可欠です。その援助や支援の内容が社会的養護なのですが，これらの内容についての教育は，

保育士養成での「社会的養護」「社会的養護内容」などの教科目以外は，社会福祉士養成などで行われる「児童家庭福祉論」などでの数回程度の授業で触れられる程度でしかないという現状があります。そうしたなかで本書は，とくに子どもの福祉，保育，教育などを学ぶ大学・短期大学・専門学校の学生だけではなく，現場での実践者，あるいは社会的養護について興味をもつ方が，その体系的な内容を幅広く理解できるよう，できる限り読みやすく，また現状やこれからの施設養護に関する実際や新たな知見などを学ぶことができるよう，内容を洩らさないように網羅しています。

　また本書の構成は目次をみていただければわかりますように，3部15章からなり，さらに重要な事項や補足する必要な事柄はコラムとしています。

　執筆していただいたのは，この分野に高い関心をもつだけではなく，それぞれの立場から児童養護施設などの現場実践や実際に深くかかわりをもってこられた方です。執筆期間や原稿の分量，書き方などに制約あるなかで，それぞれの方が大変よい原稿をお寄せいただいたことに感謝申し上げます。本書は初学者にもわかりやすい内容を目指したものですが，記述は決して平板ではなく，それぞれの執筆者の熱い思いが行間から感じ取っていただける読み応えのあるものとなっていると思います。さらに本書は，故・庄司順一先生の生前，先生と他編者で内容や執筆者などの詳細を詰めていったものです。庄司先生に見守られながら作られた本書が出版され，広くさまざまな方々に読んでいただければ幸いです。

2011年11月

編者　鈴木　力　
　　　宮島　清　

もくじ

テキスト「社会的養護シリーズ」の刊行にあたって……………………… 3
はじめに ……………………………………………………………………… 5

I部　施設養護の基礎

1章　社会的養護における施設養護の意味と課題　I ……………… 14
1. 社会的養護概論──今日の社会的養護の現況を中心として……… 14
2. 社会的養護の理念的背景…………………………………………… 19

2章　社会的養護における施設養護の意味と課題　II ……………… 26
1. 社会的養護の主な現場の概況……………………………………… 26
2. 施設養護と子どもの権利擁護
　　──子どものアメニティとウエル・ビーイングの実現のために … 34
3. 施設養護における自立支援………………………………………… 38
4. 親子分離と家族への支援──家族の再統合に向けて …………… 41
5. 児童養護のこれからの課題とそれに向けた新たな動向
　　──ひととして子どもが生活する場としての社会的養護の意味 44

3章　施設養護の歴史──貧困からとらえた社会的養護と施設養護 49
1. 明治期の養護問題とその対策……………………………………… 49
2. 明治末から大正・昭和初期………………………………………… 52
3. 終戦時から戦後復興期──戦後の施設養護の始まり …………… 54
4. 戦後における社会的養護と施設養護……………………………… 57

4章　児童養護にかかわるその他の施設 ………………………… 62
1. 乳児院——児童福祉法第37条 ……………………………… 62
2. 児童自立支援施設——児童福祉法第44条 ………………… 64
3. 情緒障害児短期治療施設——児童福祉法第43条の5 …… 66
4. 自立援助ホーム——児童自立生活援助事業 ……………… 68
5. 母子生活支援施設——児童福祉法第38条 ………………… 70

5章　施設養護の基本的な概念 …………………………………… 73
1. 施設養護のもつそれぞれの特徴 …………………………… 73
2. 養育の「あり方」の変遷 …………………………………… 78
3. 施設での養育とは …………………………………………… 80
4. 施設養育の今後の課題 ……………………………………… 86

Ⅱ部　施設における養育の実際

6章　施設入所までの支援・自立支援計画 ……………………… 90
1. 施設入所までの支援 ………………………………………… 90
2. 自立支援計画 ………………………………………………… 93

コラム1　一時保護所における問題と課題 ………………………… 103

7章　養育の実際——児童養護施設を中心に …………………… 105
1. 養育関係の出発点 …………………………………………… 105
2. 養育の実際 …………………………………………………… 108

コラム2　乳児院の現状とこれからに向けて ……………………… 119

8章　小規模ケアの場合 …………………………………………… 122
1. 児童養護施設の生活形態 …………………………………… 124

2	小舎制養護の基本的な考え方	129
3	リービングケアの実現を目指して	130
4	子どもの権利擁護としての小舎制	132
5	「普通の生活」とは	133
6	施設に求められる機能	134
7	小舎制の利点	134
8	小規模ケアの課題	135

9章　親とのかかわりにおける養育と家族再統合　137

1　子どもの入所理由の変化　139
2　子ども虐待の特殊性　139
3　援助関係の形成　140
4　子ども虐待の背景　142
5　子ども虐待と貧困　144
6　家族再統合への援助　148

10章　児童養護施設における発達障がいや虐待が背景にある子どもの自立支援について──よりよい社会生活を営めるために　150

1　神奈川県の児童養護施設における発達障がいに関する実態　151
2　当園における発達障がいと虐待に関する実態　152
3　事例A　学校や関係機関，家族との連携　154
4　事例B　地域資源の活用　155
5　事例C　長期的な見通しにもとづいた他施設への移行　156
6　考察　158
7　課題と展望　158

コラム3　精神科との連携　161

11章　退所に向けての支援とアフターケア……………………………… 164
1. 施設養護におけるアフターケアの必要性
　　　　　　──アフターケアまでの一貫した長期的支援の充実を………… 164
2. 自立支援とアフターケア──社会的自立のためには何が必要とされるか 165
3. インケアからリービングケア，アフターケアへの連続性
　　　　　　──施設入所中に必要な生活支援の具体化………………… 167
4. 施設入所中における自立への指標……………………………………… 170
5. 社会生活への準備と参加に向けての援助……………………………… 171
6. 進路選択における社会的自立とアフターケア………………………… 172
7. 施設養護におけるアフターケアの実際………………………………… 174
8. 自立援助ホームと自立に向けての協働を……………………………… 175
9. 家庭復帰とアフターケア………………………………………………… 176
10. 児童相談所のアフターケア……………………………………………… 176
11. 施設養護におけるアフターケアの課題………………………………… 177

コラム4-① 当事者参加によるふらっとホーム事業の役割の重要性と拡充策を　178

コラム4-② 社会的養護を必要とする子どもへの長期的支援を支えるために … 179

12章　社会的養護としての里親委託・里親との連携……………… 180
1. 里親制度の概要　……………………………………………………… 180
2. 里親制度への期待と課題………………………………………………… 183
3. 施設養護と里親委託・里親との連携…………………………………… 188

Ⅲ部　施設養護の専門性

13章　入所している子どもの権利擁護……………………………… 194
1. 子どもが入所前に受けた「権利侵害」と入所後の困難……………… 194

2　施設内での不適切なかかわり………………………………………… 195
　　3　「不適切なかかわり」の背景 ………………………………………… 197
　　4　「不適切なかかわり」が起きた場合の対応
　　　　　　――リスクマネジメントの必要性…………………………… 200

14章　職員の育成，倫理，メンタルヘルス……………………………… 207
　　1　職員の育成………………………………………………………… 207
　　2　施設養護の倫理…………………………………………………… 214
　　3　職員のメンタルヘルス…………………………………………… 217

15章　社会的養護と地域………………………………………………… 219
　　1　施設と学校………………………………………………………… 220
　　2　施設とボランティア……………………………………………… 224
　　3　施設とその他の社会資源………………………………………… 227
　　4　施設の専門機能の地域への還元………………………………… 229
　　5　社会的養護と地域………………………………………………… 230

索引………………………………………………………………………… 232

I部 施設養護の基礎

1章 社会的養護における施設養護の意味と課題　Ⅰ

1　社会的養護概論──今日の社会的養護の現況を中心として

（1）養護問題の発生理由

　今日「養護」問題は家族の生活に何らかの「親子分離」を必要とする，さまざまな家庭における機能不全な状態から発生している。それはいわゆる父母の死亡や父母の行方不明，父母の拘禁などにみられるように実態として父母がいないことから，父母の離婚や両親の未婚，父母の不和，あるいは父母の就労，出産や介護の必要性などの家庭環境上の問題，また父母の入院や精神疾患などの家族内での疾病による問題，そして今日社会的養護の中心的課題となってきている子ども虐待による親子分離がある。

　「児童養護施設入所児童等調査結果の概要」をみてみると（厚生労働省，2008年2月1日現在，2009年7月発表：同調査は5年ごとに行われ，今回は2009年，前回は2004年を示す，以下同様），養護問題発生理由の主なものは，里親委託児の場合には「養育拒否」16.0％（前回19.9％），「父又は母の行方不明」14.3％（前回14.7％）であり，養護施設児では「父又は母の虐待・酷使」14.4％（前回11.1％），「父又は母の放任・怠だ」13.8％（前回11.7％），乳児院の場合では「父又は母の精神疾患等」19.1％（前回14.9％），「父又は母の虐待・酷使」9.2％（前回4.6％）となっている。さらに情緒障がい児の場合には「父又は母の虐

表1-1 養護問題発生理由別児童数

	児童数					構成割合（％）				
	里親委託児	養護施設児	情緒障害児	自立施設児	乳児院児	里親委託児	養護施設児	情緒障がい児	自立施設児	乳児院児
総数	3,611	31,593	1,104	1,995	3,299	100.0	100.0	100.0	100.0	100.0
父の死亡	46	195	14	9	2	1.3	0.6	1.3	0.5	0.1
母の死亡	192	580	10	25	35	5.3	1.8	0.9	1.3	1.1
父の行方不明	109	328	2	16	8	3.0	1.0	0.2	0.8	0.2
母の行方不明	408	1,869	14	28	136	11.3	5.9	1.3	1.4	4.1
父母の離婚	136	1,304	52	203	82	3.8	4.1	4.7	10.2	2.5
両親の未婚	*	*	*	*	260	*	*	*	*	7.9
父母の不和	21	252	19	49	42	0.6	0.8	1.7	2.5	1.3
父の拘禁	65	563	10	24	30	1.8	1.8	0.9	1.2	0.9
母の拘禁	108	1,048	15	24	146	3.0	3.3	1.4	1.2	4.4
父の入院	31	327	4	8	5	0.9	1.0	0.4	0.4	0.2
母の入院	159	1,506	10	12	122	4.4	4.8	0.9	0.6	3.7
家族の疾病の付添	*	*	*	*	14	*	*	*	*	0.4
次子出産	*	*	*	*	22	*	*	*	*	0.7
父の就労	82	1,762	13	19	24	2.3	5.6	1.2	1.0	0.7
母の就労	99	1,293	19	72	221	2.7	4.1	1.7	3.6	6.7
父の精神疾患等	12	180	7	15	7	0.3	0.6	0.6	0.8	0.2
母の精神疾患等	277	3,197	145	158	622	7.7	10.1	13.1	7.9	18.9
父の放任・怠だ	34	654	29	100	13	0.9	2.1	2.6	5.0	0.4
母の放任・怠だ	319	3,707	152	346	276	8.8	11.7	13.8	17.3	8.4
父の虐待・酷使	102	1,849	137	181	119	2.8	5.9	12.4	9.1	3.6
母の虐待・酷使	156	2,693	156	158	184	4.3	8.5	14.1	7.9	5.6
棄児	134	166	3	12	50	3.7	0.5	0.3	0.6	1.5
養育拒否	579	1,378	52	116	256	16.0	4.4	4.7	5.8	7.8
破産等の経済的理由	210	2,390	22	24	188	5.8	7.6	2.0	1.2	5.7
児童の問題による監護困難	36	1,047	117	148	21	1.0	3.3	10.6	7.4	0.6
その他	217	2,674	92	192	353	6.0	8.5	8.3	9.6	10.7
不詳	79	631	10	56	61	2.2	2.0	0.9	2.8	1.8

注）＊は，調査項目としていない。
出典：厚生労働省（2009）「児童養護施設入所児童等調査結果の概要」

待・酷使」26.5％（前回22.9）,「父又は母の放任・怠だ」16.4％（前回14.1％）であり，自立施設児の場合には「父又は母の放任・怠だ」22.3％（前回20.7％）,「父又は母の虐待・酷使」17.0％（前回11.3％）となっている。こうした「虐待」に分類される「放任・怠だ」「虐待・酷使」「棄児」「養育拒否」の合計では，里親委託児は全体の36.7％（前回40.4％）,養護施設児33.1％（前回27.4％）,情緒障がい児47.9％（前回42.1％）,自立施設児45.8％（前回37.5％）,乳児院児27.2％（前回20.5％）となっており，前回と比較すると，里親以外のすべての施設では虐待を理由とした措置が増えている。これらは，委託や入所の主たる理由を示しており，虐待については他の理由と重なる場合がある。

（2）社会的養護と，それにかかわる子ども虐待や「発達障がい」などの諸問題——対応の難しい子どもの増加

　同調査での社会的養護を受けている子どもの虐待の有無については,「虐待経験あり」の割合をみると，里親委託されている子どもで31.5％，児童養護施設に入所している子どもの53.4％，情緒障害児短期治療施設に入所している子どもでは71.6％，児童自立支援施設に入所している子どもについても65.9％，乳児院に入所している子どもで32.3％となっており，虐待の有無が不明な場合も含めればさらにこれより子どもの被虐待率は高い水準となる。このように少なくとも里親委託されている子どもの約3割が，児童養護施設でも半数を超える子どもが，情緒障害児短期治療施設や児童自立支援施設ではおよそ7割の子どもが，乳児院でも約3分の1の子どもが虐待の被害にあっていることがわかる。とくに行動上などの「問題」から施設入所する子どもが多い情緒障害児短期治療施設や児童自立支援施設では，多くの子どもが虐待を受けていることから，子どもが示す「問題行動」にはその影響があり，その他の児童養護施設や里親，乳児院よりも虐待を受けた子どもの割合は相対的に高いことによる。里親や児童養護施設，乳児院でもいわゆる「手のかかる」子どもたちが多く生活している。これは同調査の「特に指導上留意をしている児童」が里親をはじめとしてすべてのところで，100％となっていることからもわかる。

表1-2 被虐待経験の有無及び虐待の種類

	総数	虐待経験あり	虐待経験の種類（複数回答）				虐待経験なし	不明
			身体的虐待	性的虐待	ネグレクト	心理的虐待		
里親委託児	3,611	1,138	348	56	764	174	2,219	237
	100.0%	31.5%	30.6%	4.9%	67.1%	15.3%	61.5%	6.6%
養護施設児	31,593	16,867	6,707	664	11,159	3,440	12,902	1,752
	100.0%	53.4%	39.8%	3.9%	66.2%	20.4%	40.8%	5.5%
情緒障害児	1,104	790	478	67	372	254	295	17
	100.0%	71.6%	60.5%	8.5%	47.1%	32.2%	26.7%	1.5%
自立施設児	1,995	1,314	782	422	597	276	528	142
	100.0%	65.9%	59.5%	32.1%	45.4%	21.0%	26.5%	7.1%
乳児院児	3,299	1,066	335	8	761	98	2,091	126
	100.0%	32.3%	31.4%	0.8%	71.4%	9.2%	63.4%	3.8%

注）総数には不詳を含む。
出典：厚生労働省（2009）「児童養護施設入所児童等調査結果の概要」

　また，里親委託児，養護施設児および乳児院児では虐待のうちネグレクトがもっとも多く，その割合はそれぞれ67.1％，66.2％，71.4％である。情緒障がい児および自立施設児では身体的虐待がもっとも多く，その割合は60.5％，59.5％である。また児童自立支援施設に入所している子どもを見ると性的虐待を受けていた子どもが32.1％と全体の3分の1近くと突出しており，とくに被害を受けやすい子どもが女児であることを考えると，児童自立支援施設に入所した女子については，非行と性的虐待のかかわりの深さが考えられる。
　このように近年社会的養護の現場には，多くの虐待を受けた経験をもつ子どもや指導上何らかの留意を必要とする子どもが多数入所しており，1人ひとりの子どもに対して治療的・医療的ケアを含め，より専門性の高い総合的な支援が求められている。
　さらに近年社会的養護だけではなく，わが国の子どもの「問題」として注目されていることが，広汎性発達障がいやAD/HD（注意欠陥多動性障がい），LD

(学習障がい)などの診断を受けた子どもや、その疑いのある子どもの「増加」である。本当に「昔と較べて『発達障がい』の子どもは増えたのか」ということについては賛否両論のさまざまな意見があるが、文部科学省の2002年に行われた調査結果はセンセーショナルであった。小学校の普通学級に在籍している子どもの6.3％がかかわりの難しい、発達障がいをもつことが考えられるという結果を公表したのである。つまり、20人に1人以上、40人学級であれば2、3人が「発達障がい」があるか、その疑いがある子どもということになる。この調査は、教師による見立てであり、小児精神科医による診断結果ではないが、杉山が子ども虐待を「第4の発達障がい」と名付けたように[1]、子どもにとって劣悪な虐待関係・環境が、その後の子どもの育ちや発達に大きな影響を与えることが多いことは明らかである。また広汎性発達障がいなど「発達障がい」をもつ子どものコミュニケーション上の問題や興味の偏り、強いこだわりなどから、親や養育者が「育てにくさ」を感じ、学校等での適応がなかなか進まないことも多い。それによって親や養育者からの厳しい「しつけ」や「体罰」「虐待」となってしまうこともある。また学校などでは、いじめの対象とされてしまうこともある。こうしたことは子どもにとって「二次的被害」となり、子どもの傷つきはさらに深くなる。できる限りこうした状況に陥らないように、親や養育者に対する援助・支援が必要であり、また学校など地域社会での理解を深めていくことが必要である。

(3) 社会的養護という経験——当事者の立場とは

こうした状況をふまえて再度「社会的養護が必要な子ども・親」について俯瞰すると、親と離れて暮らすということは子どもにとっても(あるいは親の側にとっても)、実際はそれを受け入れることさえ辛く厳しい状況に追い込まれることを意味する。しかも子ども虐待の影響や「発達障がい」などによって、施設入所時にすでに解決・改善する必要のある「問題」や「課題」をもっていることが多い。いいかえれば、施設入所する時点で子どもと親、家族は「分離」という厳しい現実を突き付けられ、またそれまでの家族との生活のなかで

何らかの「傷つき」や「課題」をもったまま,社会的養護に参加することとなる。

　このことが子どもにとってどんな「意味」をもつのかについては,想像力を働かせて考えれば,誰しもが共有できることではないか。自分がもし,子ども（乳幼児でも,小学生,中高生でもかまわない）であったとして,知らない子どもたちが何十人もいて,またよく知らない（何をするかわからない,どんな人かもよくわからない）おとなである職員集団と,これからいつ家族の元へと戻ることができるかわからない状態のなかで生活を始めるとしたら,どんな気持ちになるだろうか。里親の場合でも,自分のこれまでの生活環境とは全く異なる別の家庭で暮らすことは子どもにとってどんな経験なのだろうか。つまり,社会的養護を経験するということは,当事者にとっては（とくに子どもにとって）これからの人生を左右するような大変重大な体験なのである。このことから,その当事者を主体（主権者）として,社会的養護の現場での実践が構築されなければならない。

2 社会的養護の理念的背景

(1) 児童福祉法,児童憲章,子どもの権利条約が示す児童養護の理念的基盤

　それでは,この社会的養護の理念的背景についてみてみたい。
　まず児童福祉法の冒頭の総則では,「(児童福祉の理念) 第1条　すべて国民は,児童が心身ともに健やかに生まれ,且つ,育成されるよう努めなければならない。②すべて児童は,ひとしくその生活を保障され,愛護されなければならない」と,すべての国民は子どもたちが「健やかに生まれ,育成される」努力義務をもち,子どもたちは「ひとしくその生活が保障され,愛護される」存在であることを述べている。このことはどの子どもであっても,どんな状態であっても,どんな状況におかれていても,子どもたちは健やかに育成され,愛護される存在であることを意味している。また,1951年に世に出された「児

童憲章」でも，「二　すべての児童は，家庭で，正しい愛情と知識と技術をもって育てられ，家庭に恵まれない児童には，これにかわる環境が与えられる」と，子どもに対して「正しい愛情と知識と技術」をもって養育されることの保障を，さらに家庭で養育ができない場合の社会的養護の必要性が述べられている。

　児童福祉法や児童憲章のなかには「子どもの権利」という言葉は使われていないが，それらが示すものは社会的養護についての「子どもの権利条約（児童の権利に関する条約）」で保障されている，「国が与える特別の保護及び援助を受ける権利」と共通する。子どもが健やかに生まれ，育つことは子どもの基本的な権利であり，児童養護とは「すべての子どもたちが健やかに生まれ，育成されるための養育環境や養育関係の総体」を意味している。

　さらに児童福祉法では，児童育成の責任について，「第2条　国及び地方公共団体は，児童の保護者とともに，児童を心身ともに健やかに育成する責任を負う」と明示され，保護者とともに国と地方公共団体に子どもの健全育成の責任があるとしている。しかしながら，今日の子どもが育ち育まれる環境は，すべての子どもが心身ともに健やかに育成されるに十分ではない。その典型ともいえるものが，子ども虐待である。

　前述したように，乳児院や児童養護施設，情緒障害児短期治療施設，児童自立支援施設などの居住型児童福祉施設には，「子ども虐待」による発達上の「問題」や「課題」をもつ子どもが多く生活している。子ども虐待は身体的虐待，性的虐待，心理的虐待，ネグレクトに分類されるが，直接的に身体に危害を加えられた結果，身体に傷痕が残るだけでなく，さまざまな後遺（中途）障がいをもつ子どももいる。あるいは養育の放棄や放任，放置によって，栄養不良による低身長や低体重など重篤な発育不良や虚弱な状態に置かれていた子どももいる。さらに，子ども虐待は身体的な状態への悪影響をもたらすだけではなく，心や脳の健康にも大きな影響を与える場合がある。一番身近な存在で，本来は愛し，愛される親から深刻な虐待を加えられた結果，自尊感情や自己肯定感（self-esteem）といった「生きるエネルギー」につながる自分の存在を大切

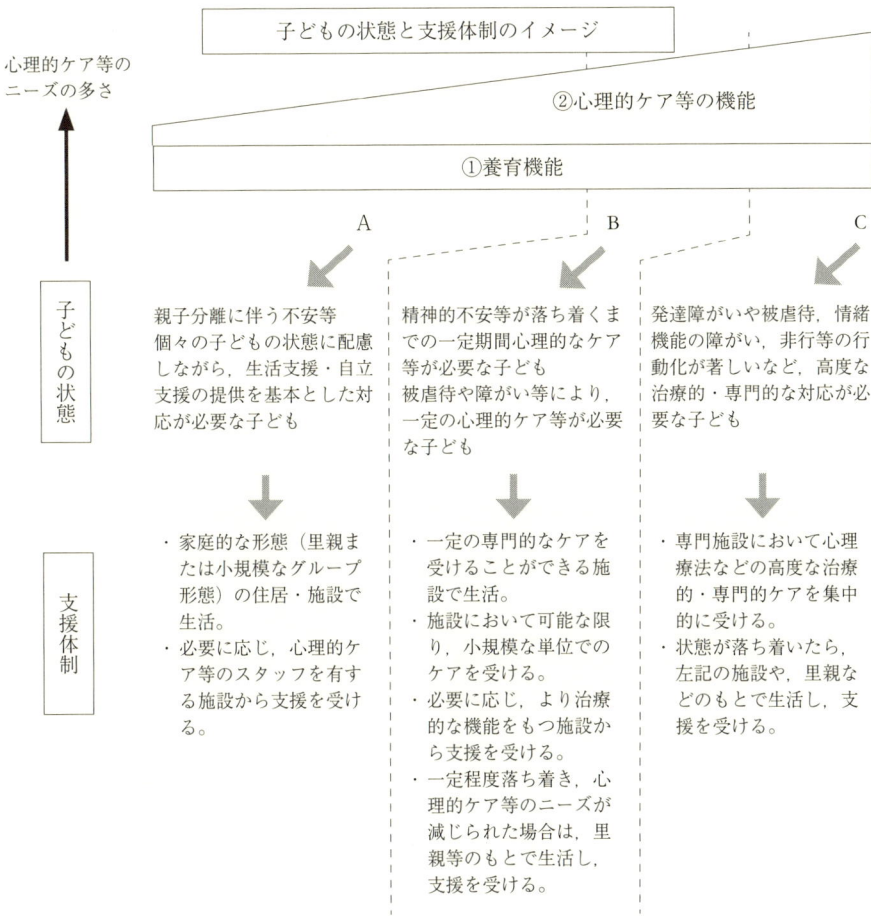

図1-1 子どもの状態から見た支援体制としての体系
出典：2007年5月18日開催「第9回今後目指すべき児童の社会的養護体制に関する構想検討会」（厚生労働省）資料

に思う気持ちが乏しくなり、さまざまな「行動化」（たとえば自傷〔リストカット〕や薬物依存や薬物の大量使用、あるいは性的な逸脱行為や暴力、盗みなど）を示す、あるいはPTSD（Post Traumatic Stress Disorder：心的外傷後ストレス障がい）症状をもつ、反応性愛着障がいと診断されているなど、重篤なケアが必要な状

態にある子どももいる。こうした子どもたちの回復を図るため，日常的な生活を安心・安定できるように整え，里親や職員との個別的な関係から自分が大切にされている実感を得られるように配慮して，治療環境としての機能を高める環境療法の場を設定し，施設の心理療法を担当する職員や児童相談所などの心理職，必要に応じて小児科医や児童精神科医などの医療との連携を図りながら，治療的なケアの充実が図られなければならない。

（2）児童養護の体系——社会的養護と家庭的養護

児童養護は保護者の責任の下で行われる家庭養護と，国と地方公共団体の公的責任にもとづく社会的養護に大別できる。そして児童福祉法が示しているように国および地方公共団体は，子どもを「児童の保護者とともに」心身ともに健やかに育成する責任をもつことから，社会的養護は家庭養護を支援し，補完し，代替する相互関係をもっている（図1-2）。この社会的養護には，家庭養護を支援する相談援助やショートステイ（短期入所事業），トワイライトステイ（夜間養護事業）などの事業，家庭を補完する通園型の保育所や知的障害児通園施設などの事業，さらに家庭の機能を代替する里親など自分の実家庭以外の家庭の下で子どもが生活する「家庭的養護」，児童福祉施設などで子どもが生活する「施設養護」，さらには家庭的養護と施設養護の中間的な養育環境である地域小規模児童養護施設や小規模住居型児童養育事業（ファミリーホーム）などがある。

まず家庭的養護は，社会的養護の必要な子どもが里親家庭で生活を行うものである。施設養護は児童養護施設などの居住型児童福祉施設で子どもを養護するものである。また家庭的養護と施設養護の中間的な養育の場として，地域小規模児童養護施設，さらには2009年度から「小規模住居型児童養育事業：ファミリーホーム」が制度化された。これまで社会的養護の量的な部分の多くを施設養護が担ってきたが，家庭に近い子どもの養育の場としての家庭的養護や，また地域小規模児童養護施設やファミリーホームなどの拡大が望まれている。

- 児童養護
  - 家庭養護（家庭養育）
    - 一般家庭での子どもの養育
  - 社会的養護
    - 家庭支援型社会的養護
      - 在宅の家庭に対して行う援助・支援事業や諸施設，機関。訪問サービスや相談援助に関する事業など（保健所・保健センター，市町村子ども家庭福祉主管課，児童家庭支援センター，児童相談所など）
    - 家庭補完型社会的養護
      - 一時的な親子分離を行いながら，子どもの健全育成，発達のために行われる社会的養護（保育所，知的障害児通園施設など，ショートステイやトワイライトステイなど）
    - 家庭代替型社会的養護
      - 家庭的養護
        - 里親（養育里親，親族里親，専門里親，養子縁組によって養親となることを希望する里親），養子縁組（普通養子，特別養子）
      - 小規模化された養育の拠点
      - 小規模住居型児童養育事業（＊児童自立生活援助事業の多数）
      - 地域小規模児童養護施設
      - 施設養護
        - 小規模グループケア　＊施設の小規模化
        - 児童養護施設分園型自活訓練事業
        - 居住型児童福祉施設など
          - 乳児院，児童養護施設，情緒障害児短期治療施設，児童自立支援施設，知的障害児施設入所
          - ・小舎制　・ユニットケア　・大舎制　中舎制

図1-2　社会的養護の体系（著者の整理による）

表1-3 児童相談所における相談の種類別対応件数の年次推移

	2005年度	2006年度	2007年度	2008年度	2009年度	対前年度 増減数	増減率(%)
総数	349,911	381,757	367,852	364,414	371,800	7,386	2.0
障害相談	162,982	194,871	182,053	182,524	192,082	9,558	5.2
養護相談	75,668	78,863	83,505	85,274	87,596	2,322	2.7
育成相談	61,304	61,061	58,958	55,005	51,794	△3,211	△5.8
非行相談	17,571	17,166	17,670	17,172	17,690	518	3.0
保健相談	4,430	4,313	3,411	2,970	2,835	△135	△4.5
その他の相談	27,956	25,483	22,255	21,469	19,803	△1,666	△7.8

出典：厚生労働省（2010）「平成21年度福祉行政報告例結果の概況」

(3) 子どもの養護問題の現状

児童養護をめぐる問題は年々増加傾向にあり，児童相談所の養護相談をみてもその件数は増加している（表1-3）。この養護相談には，棄児，保護者の家出・死亡・離婚・傷病，家族環境，虐待，その他に関する相談がある。こうした養護相談にみられるように，養護問題は限定された特殊な状況下の子どもや家庭で起きるものというより，多くの家庭でも起こりうるリスクがあるものである。たとえば子育て中の家庭において，家族の危機が発生する場合を考えてみよう。

就労している父親の勤務時間が長く，専業主婦であった母親が精神的な疾患を発症して家事ができなくなれば，短期間のうちに家庭機能は次第に低下していく。さらに親族や地域からのサポートがない・少ない，父親が仕事のために家事ができない，しても量的に足りない，子どもに十分に手を掛けられないなどのことから，次第に子どもにも大きな影響を及ぼすことになる。

こうした「家族の危機」は、実はどの家庭でも起こる潜在的可能性があり、個人の努力だけではどうしようもない場合も多い。核家族化の進行、地域社会における相互の人間関係や社会関係の希薄化も影響し、養護問題を拡大させることになっている。このようなことから、従来は家庭内や地域社会で解決できていたことも、社会的養護が制度として機能しないと解決不可能なことも増えている（さらに、問題自体が重症化している）。そのため、社会的養護を中心とする子育て支援・子ども家庭支援の諸制度やさまざまな仕組みの役割が拡大し、子どもの養育は個々の家庭だけではなく、家庭を取り巻く社会の責任として「子育ての社会化」の視点の必要性が一層高まっているのである。

（鈴木　力）

■注
(1) 杉山登志郎（2007）『子ども虐待という第四の発達障害』学習研究社

2章 社会的養護における施設養護の意味と課題 Ⅱ

1 社会的養護の主な現場の概況

　本章では，社会的養護が今日どのように構成され，今後どのような視座をもって社会的養護を行っていく必要があるのか，検討したい。まず社会的養護の代表的な環境となる児童福祉施設などについて触れ，乳児院，児童養護施設，情緒障害児短期治療施設，児童自立支援施設（各施設の詳細は4章，5章を参照）などの社会的養護を必要とする子どもの施設養護の主な内容についてみることとする。

（1）乳児院

　乳児院は「乳児（保健上，安定した生活環境の確保その他の理由により特に必要のある場合には，幼児を含む）を入院させて，これを養育し，あわせて退院したものについて相談その他の援助を行うことを目的とする」（児童福祉法第37条）入所居住型の児童福祉施設である。職員は，小児科医または嘱託小児科医，看護師，保育士，児童指導員，栄養士および調理員が配置されている。看護師，保育士，児童指導員の子どもを直接ケアする職員の配置は，乳児1.7人につき1人以上，そのうち看護師は必置であり，最低10人につき2人以上，その後子ども10人増すごとに1人以上配置されなければならない。その他に職員として，家庭支援専門相談員，心理療法を担当する職員の配置ができる。

前述した「児童養護施設入所児童等調査結果の概要」をみると，乳児院に入所する理由の項目の分け方から母の精神疾患が19.1％と一番多くなっているが，実態としてまとめれば虐待を受けたことがある者は32.3％と一番多い。また32.3％の子どもに障がいなどがみられ，罹患傾向にあるものが61.5％と他の居住型施設に較べても圧倒的に高くなっている（厚生労働省，2009）。そのため，医療等との連携が大変重要となり，また乳児院においても子ども虐待に対応した心身のケアに対処することが求められている。さらに乳児院で生活する子どもたちは，乳幼児期という年齢に加え，障がいのある子どもは32.3％となっており，その対応が必要となっている。そのため綿密な保健的な配慮をもって，子どもとかかわることが求められる。

　乳幼児という年齢や発達段階の特性から，子どもと養育者である保育士や看護師などの職員との愛着形成が不可欠である。こうした愛着形成のために，養育担当制をとっている乳児院が多い。また，養育里親研修の実習の場としての役割や里親サロンや里親のレスパイトケアなどの里親支援を積極的に行っている乳児院も多い。

　また乳児院では，「保育看護の専門性」が重視されており，この保育看護とは「保育士は保育の専門性に加えて，乳児の生理・発達・病理・養護といった看護的な専門性を新たに具備すること，また養育の場に勤務する看護師は，看護師としての専門性に加えて保育面での専門性を具備することがまず必要」であり，相互の専門性を補い合いつつ「保育看護」という乳幼児を養育する専門領域を現場に確立することが求められている。とくに乳幼児の存在そのものが「保育看護」という専門的なケアを必要としているのである。乳幼児が24時間365日生活をする場所として疾病や健康異常への対応の配慮が重要であり，乳児院からの通院や院内での疾病対応が求められるため，乳児院の看護師や職員間，また医師や医療機関との十分な連携システムをもつことが必要である。

　また生活施設の小規模化の流れのなかで，乳児院においてもケア形態の小規模化の推進を図る旨の厚生労働省雇用均等・児童家庭局長通知によって，2005（平成17）年度から「小規模グループによるケア」が始められ，導入する施設

も増えている。里親委託を推進する人たちからは「乳幼児の養育は里親で」との声もあるが，現状として先ほどの罹患傾向の高さや「保育看護」が必要な虚弱な子どももいるため，また里親の実数が増えてはいるがそれだけでの対応が可能ではない現状から，乳児院が行う施設養護上の今日的な意義はある。今後は里親制度とのより密接な連携を重視し，相談やレスパイトケアなどを含めた総合的な里親支援の場としての役割を担うことも重要である。そして個々の乳幼児に対して，1人ひとりの個別化を重視し，適切な愛着関係にもとづいた養育を一層定着していくことが求められる。

（2）児童養護施設

　児童養護施設は，「保護者のない児童（乳児を除く。ただし，安定した生活環境の確保その他の理由により特に必要のある場合には，乳児を含む，以下この条について同じ），虐待されている児童その他環境上養護を要する児童を入所させて，これを養護し，あわせて退所した者に対する相談その他の自立のための援助を行うことを目的とする」（児童福祉法第 41 条）と定められた，居住型児童福祉施設である。さまざまな養育環境上の理由によって入所する子どもに家庭の代替としての機能を果たし，子どもを養育する児童福祉施設の中心的施設として存在している。

　近年児童養護施設においても，虐待を受けた子どもの入所が増加しており，そのため，従来「単純養護」といわれた単一の養護問題への対応だけではなく，子ども虐待や子どもの貧困など重層化していることから，より手厚い心理・治療的ケアの必要な子どもの入所が増加している。そのため，心理療法を担当する職員や被虐待児個別対応職員，また家庭関係調整や家庭復帰，家族との再統合に向けた子どもと家族の援助・支援を行うファミリー・ソーシャルワーカー（家庭支援専門相談員，FSW）などの配置もできる。しかし，直接子どもとかかわる保育士，児童指導員の数は最低基準ではたとえば少年（小学校就学始期から 18 歳未満の者）6人に対して職員1人という低い水準であり，1976 年に最低基準でこの配置が決められて以来そのままにされていることは大きな問題であ

る。一刻も早くケア職員の充実を図る職員配置が求められる。

　児童養護施設は，家庭で発生した何らかの養護問題（家族危機，家族の機能不全）によって，子どもは家族と分離して入所する。こうした子どもたちがこれからの「心の問題解決」としての「自立」を図るためには，従来の児童養護施設の生活援助・支援を中心とした養護内容にとどまらず，個別対応を重視し，さらに治療的ケアや家族の再統合に向けた援助・支援の内容を充実することが求められ，ファミリー・ソーシャルワークの重要性についても増している。さらに施設の小規模化・地域化という今後の方向性も出されている。実際に入所している子どものうち何らかの障がいのある子どもが23.4％と約4分の1にみられ，また罹患傾向のある子どもは20.0％と5人に1人いる計算となり，障がいのある子どもの支援や医療との連携などの配慮も必要である（「児童養護施設入所児童等調査結果の概要」厚生労働省，2009）。

　従来からの児童養護施設は，大規模集団養護を行う「大舎制」で運営される施設が多く，グループダイナミクスを活用した集団養護体制を重視する養護が中心的だった。しかし近年児童養護施設に求められることは，単純に子どもの生活を維持することだけではなく，子どもの人権をまもりながら，個々の子どもに応じた適切な発達の保障に努め，それぞれの子どもの自立に向けて積極的な支援を行い，かつ家庭環境を調整して家族の再統合を目指し，児童相談所などの他機関との連携に努め，地域の福祉センターとしての役割を担うことなど多岐にわたる。施設形態も全国児童養護施設協議会がまとめたように（「子どもを未来とするために──児童養護施設の近未来像part II」2004），「施設の小規模化・地域化」に向けた取り組みが進められている。新しく開設，また園舎の改築などをする施設の多くは，施設形態としては「ユニットケア」を採ることが多く，家庭的な雰囲気のある養護内容の充実に向けた取り組みを行う施設も増えている。国も施設を小規模化する方向性に呼応し，「地域小規模児童養護施設」（2000年度）や「小規模グループケア」（2004年度）を創設している。

　さらに2011年4月には個別対応職員，心理療法担当職員や家庭支援専門相談員の職員配置が義務化され，子どもや家庭のニーズに応じた養護内容の新た

なあり方について検討が進められている。またこうした動きから，以前は特定の地方自治体で行われてきたファミリー・グループホームが，2009（平成21）年度から小規模住居型児童養育事業（ファミリーホーム）という国の制度として創設した。こうした地域化，小規模化の流れから，施設が子どもにとってそれこそ「未来を切り開く」力を蓄え，自立した社会人となれるように援助・支援することが重要である。

（3）情緒障害児短期治療施設

　情緒障害児短期治療施設は，「軽度の情緒障害を有する児童を，短期間，入所させ，又は保護者の下から通わせて，その情緒障害を治し，あわせて退所した者について相談その他の援助を行うことを目的とする」（児童福祉法第43条の5）児童福祉施設である。ここでいう「情緒障害」の語そのものはあくまで行政用語であり，医学用語ではない。そのためその役割やニーズの意味は必ずしも明確ではなく，情緒障害児短期治療施設協議会でも施設名称を「児童心理療育施設」に変更する案も出ている。

　情緒障害児短期治療施設は以前は不登校傾向の高い，主に小学生程度の年齢層の子どもへの支援を中心に機能していたが，今日この施設では，子ども虐待を受けたために情緒不安定な状態にある子ども，不登校や緘黙，引きこもりなどの非社会的な状況にある子どもや反社会的な問題行動をもつ子ども，神経症的な習癖のある子どもなどのうち，家庭との分離によって治療的ケアの必要な，18歳未満の子どもが入所している。ここでの問題の多くは周囲のおとなや対人関係によって生じることも多く，近年では虐待によって心身に傷を負った子どもの入所が増加し，7割を超える虐待経験のある子どもが生活しており，子ども間のストレスだけではなく，職員の二次的外傷性ストレス障がいなどへの配慮や子ども対応への支援が必要である。実際に何らかの障がいを有している子どもが70.7％（「児童養護施設入所児童等調査結果の概要」）ととても高い数値となっており，障がいへの対応という側面からの援助・支援も必要である。

　施設の機能としては，子どもの心の傷を癒し，社会適応を図り，健全な社会

生活が営めるように，治療的ケアを行う。子どもの日常生活に関する援助や支援に始まり，医学・心理療法，学校教育，家族との治療教育などを行いながら，子どものケアにあたっている。基本的には子どもにとって生活の場であり，また治療の場であるが，生活を安定したものにすることは他の児童福祉施設と同様に一番の基本でもある。

（4）児童自立支援施設

　児童自立支援施設は、「不良行為をなし，又はなすおそれのある児童及び家庭環境その他の環境上の理由により生活指導等を要する児童を入所させ，又は保護者の下から通わせて，個々の児童の状況に応じて必要な指導を行い，その自立を支援し，あわせて退所した者について相談その他の援助を行うことを目的とする」（児童福祉法第44条）施設であり，主に非行などの「問題」がみられた子どもや家庭環境に「問題」がある子どもで自立支援の必要な子どもたちに対して，職員と日常生活をともにしながら，生活指導，学習指導，作業指導などを統合した援助・支援が行われている。

　「不良行為」の内容としては，主に反社会的行為等であり，喫煙，飲酒，薬物濫用，深夜徘徊，浮浪，金品の持ち出し，万引き，窃盗，恐喝，強盗，放火，傷害，殺人，強姦，わいせつ行為，性的逸脱行為などさまざまなものがある。こうした子どもたちの他，不良行為をなすおそれのある，とくに保護者の正当な監督に対して服さない性癖がある，あるいは家庭に寄りつかない，犯罪性のある人などと交際をする等の場合も児童自立支援施設に入所することがある。

　しかし，単に不良行為だけによって入所となることは少なく，家庭環境上に何らかの養育上の課題やその他の影響のために親や家族，地域社会と一旦分離した方がよい子どもの入所がみられる。また非行傾向だけではなく，何らかの障がいを有する子どもが全体の35.4％とおよそ3人に1人いる計算となり，さらには子どもの成長発達段階に何らかの虐待を受けていたものが65％を超えており，家庭に代わる児童自立施設という環境のなかで，児童自立支援員と児童生活支援員との関係を基軸にしながら，愛情豊かな人間性によって教育され，

育まれることによって援助を行うことが求められている。また不適応行動等への対応も，こうした関係を基軸として自然などの豊かな環境などで涵養するように援助や支援活動が行われている。

（5）里親制度

　2004（平成16）年12月の児童福祉法改正によって，里親は第6条の3「保護者のない児童又は保護者に監護させることが不適当であると認められる児童を養育する者であって，都道府県知事が適当と認める者」と定義され，また第47条2項には，里親には児童福祉施設の長と同じように，委託児童への監護権，教育権，懲戒権について必要な措置がとれるとされた。また里親制度は2002（平成14）年度に「里親制度の運営について」という厚生労働省通知が出され，新たに制度的改正が行われた。この通知では，里親制度の趣旨は「家庭での養育に欠ける児童等に，その人格の完全かつ調和のとれた発達のための温かい愛情と正しい理解をもった家庭を与えることにより，愛着関係の形成など児童の健全な育成を図るものであること」とされ，家庭という場で子どもの育つ意義と重要性が示された。里親については，養育里親，短期里親，親族里親，専門里親の4種の里親に分類されることになった。2009（平成21）年4月施行の改正児童福祉法では，里親制度をさらに浸透拡大させるために，養育里親のうち，子どもの養育について専念する養育里親と養子縁組を前提とした里親を区別し，また養育里親に研修が義務付けられ，短期里親は区分としては明記されなくなった。さらに児童福祉法改正に伴って，里親手当についても増額された。

　「児童養護施設入所児童等調査結果の概要」によれば，2008年2月1日現在里親委託されている子どもは3,611人であり，5年前の前回調査より1,157人増加し，委託里親数も2,668世帯となり前回よりも668世帯へと増加しており，前回の調査でも里親委託が少しずつ伸びている傾向をみせ，またさらに前回よりも里親制度改正の影響が継続していることが考えられる。しかし，一方で養育里親の希望者については目立った増加をみせていない現状があり，登録

表2-1　里親数及び委託児童数の推移

都道府県市		里親委託率	里親委託児	養護施設児	乳児院児	要養護児合計
全国	14年度	7.4%	2,517人	28,983人	2,689人	34,189人
	15年度	8.1%	2,811人	29,134人	2,746人	34,691人
	16年度	8.4%	3,022人	29,809人	2,934人	35,765人
	17年度	9.1%	3,293人	29,850人	3,008人	36,151人
	18年度	9.4%	3,424人	29,889人	3,013人	36,326人
	19年度	9.9%	3,633人	30,176人	2,996人	36,805人
	20年度	10.4%	3,870人	30,451人	2,995人	37,316人
	21年度	10.8%	4,055人	30,594人	2,968人	37,617人

出典：厚生労働省「福祉行政報告例」各年度

里親の高齢化も目立っている現状がある。そのためにも，里親について身近な存在として感じられるように制度をさらに浸透する努力が必要であり，さらにいえば学校教育にも登場させるような抜本的なところからの見直し策を作る必要があるように思われる。現在里親に対するレスパイトケアも行われるようにはなっているが，里親にとって本当に必要なすぐに活用可能なケア（たとえば，ちょっとした悩みや困りごとが気軽に相談できる場所や人の存在など）やときには十分な休息を得るための制度的枠組みのさらなる整備が必要である。今後一層里親制度が拡充するよう，里親にとって子どもを養育しやすい環境づくりがさらに求められている。

2 施設養護と子どもの権利擁護
——子どものアメニティとウエル・ビーイングの実現のために

　子どもの権利・人権擁護が一般化してきていることによって，ときに「子どもと向き合いにくくなった」という施設現場の声を耳にすることもあるが，こうした言説にはある種の誤解が含まれている。ここでは社会的養護における子どもの快適さと自己実現を支援する社会的養護の基本的姿勢を，子どもの権利・人権の内容から検討する。

(1) 子どもの権利・人権とは何か

　まず「権利と人権」の意味について考察したい。

　明治期，英語から日本語に翻訳が進むなかで，英語の「right」の翻訳語には「権利」と「権理」との2つの使用法があった。慶應義塾の創立者・福沢諭吉，ジャーナリストの福地源一郎の文献などを読むと，right の訳語に「権理」という字を当てていることがわかる。英語の right のもつ本質的な意味としては「正しいこと」があり，現在訳語として使われている「権利」より「権理」のほうにこのニュアンスが含まれていることをもう一度考え直す必要があるだろう。日本語の権の意味には「法・定めによって付与された資格」のことであり，また「理」には「物事の道理，筋道」という意味があり，「権利」より「権理」のほうが訳語として実は適切であり，こちらが使われていたのなら「権利」についての誤解（たとえば，子どもに「権利」を使わせると，わがままになる，というような）も少なくなったのではないか。

　このように権利の本質には「正しさ」があり，そのことから子どもの権利とは「子どもにとって正しいこと」と言い換えることができる。つまり子どもの権利とは「子どものわがまま」ではなく，「権利擁護」も「子どものわがままをすべて容認すること」ではない。また，ただ子どもの「わがまま」をそのままだ受け入れているだけなら，子どもとは向き合わない「ネグレクト」状態

となってしまい，おとなから適切な養育を受ける子どもの基本的権利を侵害することにもなる。子どもの権利・人権擁護とは，あくまで子どもにとって最善の利益や子どもの正しいことを守り，それを尊重するおとなの側の態度である。子どもの行為や行動，言語・非言語的コミュニケーションを通して考え，子どもの存在そのものを受容するプロセスが子どもの権利・人権擁護に含まれ，単純に体罰や不適切なかかわりをしないように努めるだけではない[1]。

　次に権利と人権の違いについて考える。権利とは人が何かすることを社会的に承認されることであり，皆が同じようにもっているとは限らず，制限，努力，義務，責任などの条件が付与される。しかし人権には，こうした権利のような条件は付かない。なぜなら人権とは，「人は皆生まれたまま，等しく尊い存在であり，どの人も地球上にたった1人しかいない大切で尊厳を持つ存在」という考え方を前提に，「これがないと人間らしく生きていくことができないもので，誰もが条件なしに人間として守られるべき諸権利」[2]をいうためである。社会的養護を含む社会福祉は，こうした人権思想を前提に実践され，構築されている。「Welfare（従来の社会福祉）からWell-being（すべての人の個々の自己実現を目指す今日的な社会福祉）へ」という今日の福祉観の変化においても，人権としての自己実現の意味がそこに含まれている。子どもの権利とされる生存権，発達権，保護を受ける権利，意見表明権などの参加の権利，人間としての尊厳を守られる権利などは，そのほとんどは人間として生まれながらにもっている人権に属するものである。

《事例1》
　ある児童養護施設で施設での生活の内容を記した「生活の手引き」を作成した。Q&A式でまとめられたその手引きの最後の項目は，「あなたが大切にされるためには？」とあり，その答えは「あなたが大切にされるためには，まず他の人を大切にすることです」となっていた。

　どの年齢・どんな状態の子どもであっても，他者から人間としての尊厳を守

られながら生活することは人権であり，誰かを大切にしたために与えられるものではない。子どもの権利はすべての子どもに与えられた「天賦の権利」である。子どもは人間として尊厳をもつ存在であるから，他者から尊重され，大切にされる。児童福祉施設の主人公は子どもであり，他者から大切にされることは人権の範疇である。この事例で「子どもに他者を大切にすることを伝えたい」こと自体は間違ってはいないが，それを「誰かを大切にしたから大切にされる」という条件づけてしまうことは人権感覚として正しくはない。このように子どもの権利を擁護することは，子どもを無条件にかけがえのない大切な存在であることを受け止め，人間らしく発達するために子どもに適切な働きかけを行い，子ども自身が自分を大切な存在として実感できる環境と関係を子どもとも協力しながら実現していくプロセスである。さらには，基本的な信頼関係のなかで受容し，子どもが自分の人生を生きぬくために必要な根源的な力としての自己肯定感を育むことが大切である。

（2）当事者である子どもを理解すること

子どもとかかわるとき，ときには子どもを注意し，行動の修正を促す対応が必要なこともある。その場合には援助者は，まず子どもの内側では今どんなことが起きているのか，想像し理解に努めることが専門職者として求められる。目の前の子どもは私たちのかかわりによって何が起きるのか，子どもを理解し，共感する努力をすることは援助を行う前提である。おとなの大きな声や子どもを叱る表情や態度によって，子どもの内面に大きな動揺が起きることになる。自分に置き換えてみよう。もしも体格の大きい格闘家に厳しく叱られるとしたら，できればそんな状況は避けたいだろう。しかし，格闘家と私たちの体重，身長差の比と，通常サイズのおとなと小さな子どもとの比とを比較すれば，おとなと子どもとの比のほうの差が大きい。子どもを強く叱ることは，子どもにとっては自分が格闘家に叱られる以上のことかもしれないのである。子どもとのかかわりには，おとなは子ども側の立場に立って考える想像力をもつことが不可欠である。

《事例２》

　児童養護施設Ａ学園で，職員による子どもへの体罰が起きた。高校を中退した子どもに対して担当指導員がこれからの方向性について話し合う場を設定しようと働きかけたが，子どもが反抗的な態度で「お前ら，何にもしてくれねぇじゃん！」と指導員に言ったことから，その言葉に怒りを感じた指導員は子どもに暴力を振るった。子どもは信頼していた職員から受けた暴力を許せず，以前の良好な関係を回復できないまま，その後子どもは親族の元で暮らすこととなった。

　この子どもの「お前ら，何にもしてくれねぇじゃん」という言葉の本当の意味は，指導員等がその子どもに対して「してくれないこと」を責めることではなく，現在置かれている子どもの状況から，①高校中退による不安が高い状態ではないか（児童養護施設では高校中退から就職自立を促すことは一般的である），②自分ではどうすればよいかわからず苦しんでいるのではないか，③子どもからの「何とかして欲しい」と依存感情を職員に投げかけた言葉ではないか，など考えられる。子どものさまざまな「行動化」の背景には，たとえば過去の虐待によって傷つけられた不信感の表現や，怒り，悲しみ，やりきれなさ，淋しさなどさまざまな感情が「何とかしてほしい」という声にならないメッセージやサインに含まれていることが多い。施設養護職員の倫理として，当事者の立場に立つ努力をし，言葉の背後の言外の意味を理解するために想像力を働かせた配慮のうえでの対応が必要不可欠である。子どもとの援助関係を見直し，子どもとの関係の質を高めるために何が必要なのかを考え続け，自分自身の実践を再構築し続ける絶え間ない努力が求められる。

　これまで述べたように，「生存・発達・保護・参加」といった子どもの権利は人権に属する事柄であり，すべての子どもに与えられているものである。養護を必要とする子どもの権利は，生活の場で十分に守られ，１人ひとりの子どもが自分は大切にされている実感をもった生活を構造化できるよう，子どもの生活の快適さ（アメニティ）の視点や，また地域社会との生活の格差がない，

あるいは子ども自身が自分の生活を「ふつう」であると感じられる生活（ノーマライゼーション）の実現のために，子どもとおとなが協力していくことが求められる。そして，子どもの権利擁護の内容は一旦作られればそれですべて完成するものではなく，絶え間なく振り返り，検証し強化していくことが求められる。施設養護の主人公（主体者）は子どもであり，その主人公たちにとって最善の利益を提供するという大切な仕事を，さらに推し進めていかなければならない。

3　施設養護における自立支援

（1）子どもの養育環境と自立支援

　今日施設養護の機能の根幹として強調され，重視されている子どもの自立の意味について，ここで改めて検証していくこととする。

　家族と離れて暮らさざるをえない子どもの養育にあたっては，まず子どもが安全に安心して生活できる環境と関係づくりが重要である。とくに子どもが健全に育つためには，特定の親，養育者との適切な愛着が不可欠である。子どもの養育について，「Love is not enough.（愛だけでは十分ではない）」ということがいわれるが，この意味は子どもの養育には「愛」は前提，必要条件であり，ただそれ以上のものやことがさらに十分条件としてあることを示している。このように子どもに向けられる「愛」が社会的養護に満たされ，さらに養育の質を高める構成要素としての治療的養護環境が必要であり，これらを前提として子どもの自立を図ることが大切である。

　従来から社会福祉の領域では「自立」はその中心的な概念の1つとして使われてきた。しかし大変幅広く用いられているため曖昧さもあわせもっている。生活保護では「自立の助長」として経済的自立や社会的自立を示し，障がいの領域ではIL（Independent Living：自立生活）運動の「依存的自立：他者の力を活用しながら自身の自立を行うことができる」の意味で用いることもあった

り，また独立自活と表現されることもあった。社会的養護では「基本的生活習慣の獲得」など身辺自立として用いられるとともに，施設退所後の「就職自立（独立自活）」や退所後の生活，さらに「経済的自立」「社会的自立」「精神的自立」などを指して使われることもある。とくに児童養護の領域では，児童福祉法での対象年齢として「18歳」（あるいは中卒後の就職により15歳で退所する，または子どもの状況によっては20歳未満まで措置の延長も可能であるが）が設定され，それを「自立」のリミットと決めていたことが多かった。しかし2004年の児童福祉法改正では児童養護施設などの施設の目的に，「あわせて退所した者に対する相談その他の自立のための援助を行う」ことが含まれるようになり，「自立」の内容に従来一般的であった「就職＝自立」ではない含みがもたらせられた。

　さらに社会福祉や社会保障の領域では政策主体の誘導的な意味としてしばしば「自立」という言葉が使われることがあり[3]，社会的養護の領域でこのレトリックが使われないためにも，何でも自分でできるという意味での「自立（independence）」（「状態概念としての自立」）から，よりよい他者との関係を保持し，他者と相互に依存し頼り合う関係や資源の確立を大切にする「互立（interdependence）」（「関係概念としての自立」）へと自立観を転換することが必要である。養護の必要な子どもの自立をみるとき，短期，中長期的な目標を含めた子どもの資源に目を向けて，どんな支援が退所後に必要なのかを整理して，子どもの自立を見直すことが求められる。従来の「自立」概念のもつ問題には，児童福祉法の限界性や児童福祉施設最低基準の低さなど，法制度・施策の現状での不十分さにも大きく関係している[4]。そのため自立観の転換は，社会的養護の供給内容自体の改革が求められることになる。

（2）「自立（independence）」から「互立（interdependence）」へ

　「『自立』（independence）から『互立』（interdependence）へ」という自立観の転換について，もう少し検討をつづけたい。自立を示す英語のindependenceは，「依存（dependence）」に否定を示す接頭語（in）をつけた「依存のない」状態を表し

ている。これに対して interdependence は,「依存 (dependence)」に相互関係を示す接頭語 (inter) をつけたものであり,「相互に依存し,相互に頼り合う関係」を示している。愛着理論の創始者ボウルビィが,子どもの育ちにとってネガティブな意味として用いられる「依存」には実は肯定的な意味があると述べている[5]ように,社会的養護の下で生活する子どもの自立について「他者とかかわり合い,頼り合う関係概念としての自立」として再考する必要がある[6]。また臨床心理学者の河合隼雄は,自立を「人間が自立するということは,自分が何にどの程度依存しているかをはっきりと認識し,それを踏まえて自分のできる限りにおいて自立的に生きること」と定義し,自立は依存を含んだ関係のなかで生きるプロセスとしている[7]。こうした知見から,ひとの育ちとしての自立には関係概念を含んだ自立支援への転換が求められている。

厚生労働省の「児童自立支援ハンドブック」では,自立とは「発達期における十分な依存体験によって人間の基本的信頼感を育むことが,児童の自立を支援する上で基本的に重要」であり,「一人ひとりの児童が個性豊かでたくましく思いやりのある人間として成長し,健全な社会人として自立した生活を営んでいけるよう,自主性や自発性,自ら判断し決断する」力をもち,「児童の特性と能力に応じて基本的生活習慣や社会生活技術,就労習慣と社会規範を身につけ,総合的な生活力が習得できる」ことが重要であるとしている[8]。自立支援も子ども自身が他者との関係を大切にして自分らしく生きていきたいと考えられるかかわりを充実させることが重要である。困ったときには他の人に相談でき,他の人にも自分の力を貸すことのできる関係形成を中心に置く自立観に立って,現在の養護内容を拡充して,乏しくなりがちな施設養護下の子どもたちの資源,環境を整備し,豊かにしていくことが必要である。「就職自立」のための援助・支援だけではなく,個々の子どもに応じた高校卒業後の進学支援を含めた子どもの生きる力を伸ばしていくことが可能な資源確保も危急の課題である。

このように子どもの自立支援には,個々の子どもに応じた個別の対人関係のなかで基本的信頼感を育み,愛着関係を土台とした関係のなかで育つことが必

要となる。他者との関係を基点に，日々の生活を通して，基本的な生活習慣や基本的な生活技術など，ひととして生きるために必要な事柄を習得し，社会に生きるために他者との関係を中心とする社会性を高めるための援助や支援も必要となっていく。さらに，自立した精神をもった一個の人間となるため，先を見据えた適切な行動ができ，健全な倫理性や道徳性をもてるように，個々の子どもに応じた発達への支援が必要となっていく。援助者は自立のための援助であるリービングケアの土台には，十分な依存体験などによって子どもの大切にされる経験が不可欠であることを理解したうえで自立支援計画を立てて，個別の援助や支援を行うことが求められる。そして，日々の日常生活の営みを大切にしながら，個々の子どもが将来自分の足を地につけて歩いていくことができるように，援助・支援されることが求められている。

4 親子分離と家族への支援——家族の再統合に向けて

(1) 子どもと家族への支援の基本的な考え方

　庄司順一らによる家族の再統合に関する調査では，ほとんどの施設で子どもと家庭との関係調整が行われているが，「保護者への援助の結果，家族の再統合（家庭復帰）に至ったケース」の有無に関して現状では「あった」という回答は29.8％に過ぎない[9]。子どもと家族の再統合は多大な困難が伴うが，具体的な目標を設定して児童相談所と役割を分担し現時点でできることを明確にしながら，子どもと保護者・家庭との絆を深めていく援助をしていくことが求められる。そのためにも，施設は親・保護者に対してもほっと安心できる雰囲気（たとえば職員が一杯のお茶を給じ，それを介して保護者と語り合うことによっても，保護者は施設への印象を変化させるかもしれない）を提供し，親への共感を深めて共に子育てを行う温かい眼差しをもって関係形成を図ることが求められる。保護者のなかには，子どもを取り上げた行政・施設に怒りをもっていたり，これまでの生活経験から行政や施設に悪感情を抱いている場合もある。ま

ず保護者や家族に対して対等の人間として向き合い，そうした感情についても十分に共感し，そのうえで子どもを中心に共感し育て合う仲間としての関係づくりが大切である。

《事例3》

　筆者は夫婦で児童養護施設の分園型ファミリーホームを行っている。M君は高1の終わりごろから継母からの虐待によってホームでの生活をしていた。彼が家庭復帰することは困難であると私たち担当者も児童相談所も同様に考えていた。また彼も実家族と再び生活を共にする気持ちはなく，家族は望んではいないどころか，自分から家を出たM君に対して悪感情をもっていた。大学進学を目指していたM君だが，進学後にどのような資源があるのか，一緒に考え同時にM君と家族を「気持ちのうえで」再統合できないかを検討した。まず手始めに，彼から親宅へ出向いて大学進学についての意向を含めて保護者と話し合う機会をもった。M君への家族からの働きかけは当初，彼に対する文句ばかりだったが，彼の誠意・節度ある態度から，次第に彼に対する否定的な感情や態度から変化をみせた。たとえば携帯メールのアドレスを交換し，それを通して進学への励ましや体調を気遣うようになり，親から進学後に何らかの援助をする気持ちを見せるようになった。無事大学を卒業し，福祉関係の専門職をしているいまでは，時折会う交流もみられるようになった。きちんと一緒に暮らさなくとも，将来的に彼にとって親が1つの資源になり，あるいはそう考えられるよう援助したいと考える。1つ屋根の下で生活を営むことはなくとも，家族間の思いが回復していくことも，「家族の再統合」の1つの形である。

　援助者は家族を根底から作りかえることに挑むのではなく，その家族のもつ潜在的な力やよい部分を信じながら関係形成に努めるエンパワメントやストレングスの視点をもって援助や支援活動を行うことが重要である。子どもにとって家族が1つの重要な資源となるように気持ちを受け止め，また親・保護者を

受け入れながら，児童相談所等の関係機関とも連携を深めてそれぞれが子どもと家庭の自立支援の役割・責任を果たすことが求められる。自立支援計画では「家族の再統合」を漠然と目標とするより，まず1人の子どもが生きていくために必要な資源としての家族や関係者との関係を深めていくためにできることから援助内容を整理していくことが必要となるのである。

（2）子どもの親への気持ちとファミリー・ソーシャルワークの必要性とその位置づけ

　施設養護職員は，子どもたちが親に深い情愛を抱き，あるいは相反するようなアンビバレントな感情のなかで葛藤する姿を日々眼にする。乳幼児期に養護問題が発生し，長期間にわたり家族とは生活できない子どもたちが，それでも家族や親に対する憧憬の想いを抱き続けていることがある。重篤な虐待を受け続けてきた子どもたちの多くも，親に対する熱い想いを抱いている。施設養護の主人公である子どもがもつこうした親への感情を大切にするためにも，親や家族との関係を調整し再構築する援助や，「家族の再統合」を目指した支援などのファミリー・ソーシャルワークが施設養護実践のなかに求められていることは明らかである。

　児童養護施設が家族へのかかわりを積極的に展開するのは1997年の児童福祉法改正における自立支援の規定以後であり，とくに厚生労働省が2004年度からファミリー・ソーシャルワーカーである家庭支援専門相談員を全国に1,600名配置する計画を打ち出し，施設におけるファミリー・ソーシャルワークは格段に広がった。その内容として，居住型児童福祉施設の特性に見合う家族の回復過程に着目したファミリー・ソーシャルワークの展開の必要性が高くなっている。

　こうした動きが始まる前には，一部では先駆的にファミリー・ソーシャルワーカーを配置し，また子どもの家庭復帰に積極的に取り組み親子関係調整に効果をあげてきた施設もあるが，全般的には家庭調整にかかわることは児童相談所の役割として位置づけられてきた。しかし今日では児童相談所はさまざま

な相談，判定，措置，一時保護などを行う児童福祉の中核的な総合機関としての役割から，子ども虐待等の危急で重篤なケース対応に追われている。とくに要保護ケースの場合，親や家族とのかかわりは児童相談所，子どもの援助や支援は施設という従来の役割構造では機能できず，法制度からも児童養護施設における家庭関係調整を含めた「自立支援」の強化や「家族の再統合」の流れが生まれ，子どもの養育と保護を中心とした機能に附加して家族とのかかわりが求められている。2005年の児童福祉法改正では，現在の児童相談所に集中する相談業務が市町村に移管され，児童相談所の役割を要保護性の高い困難事例の対応に集中させて児童相談所体制の拡充を図ることや，地域の関係機関が情報を共有化できるよう「要保護児童対策地域協議会」を位置づけ，運営の中核機関の指定や構成員の守秘義務を定めるなどがもられた。さらに市町村は必要な体制整備に加え職員の人材確保・資質向上を図ること，施設措置の更新は親への指導効果をふまえることも規定された。

　児童福祉施設は児童相談所とは違い，家族の諸問題の発生当初や初期の混乱に距離をおいている利点があり，子どもを中心におきながら家族の回復過程に寄り添うことが可能である。この家族の回復過程にかかわることで，うまくいったケースあるいは家族を子どもの資源として活用できたケースなどを経験としてすでにもっているともいえる。新たに本来業務としてファミリー・ソーシャルワークが展開されたいま，施設の「利点」を活用し，従来の成功事例の経験を収斂し，その蓄積を深め，施設ならではのファミリー・ソーシャルワーク像の構築が求められている。

5　児童養護のこれからの課題とそれに向けた新たな動向
――ひととして子どもが生活する場としての社会的養護の意味

　施設内虐待（A.I.C.；abuse in care），「被措置児童等虐待」はいまもしばしば一部施設で起こっている。これを防ぎ，それぞれの施設が子どもを養育し，子ど

もが育つなかで，子ども自身が大切にされていると実感できる（このこと自体が子どもの権利を擁護することの本質である）養護内容をもち，職員も一層専門的援助者としての資質を向上できるシステムを充実させること，また職員など養育者の意識もこれに沿って変革することがまず求められる[10]。また施設を小規模化し，地域に開かれた社会化を行うためには，施設養護を支える職員の配置基準を抜本的に改善する制度・政策的な裏付けが今日求められている。児童福祉法でも退所した者を含めた自立支援が児童福祉施設の役割として取り上げられているいま，子どもたちが年齢で，あるいは状況によって輪切りにされる「強いられた自立」とはならないよう，個々の子どもに即した適切な自立支援ができるように援助内容を振り返り，さらにそのための制度の改善への取り組みが必要である。

　前述したように，居住型児童福祉施設では子どもや家庭の援助・支援自体の意味を問い直すことが求められている。そもそも家庭に代わる「子どもの生活の場所」ということは何を意味するのか。「ひとが生きる場所」とは，ひとが「多様な人間の経験を反映し高めるような環境」[11]としての可能性をもつ場所である。この「場所」とは，子どもの生活の場としての児童養護施設にもつながっていく。私たちが子どもの人間らしさを育む環境として児童養護施設をとらえるとき，その場所である施設とは「楽しむよりも耐え忍んだり無視したりしなければならない」ものではなく，「多様な人間の経験を反映し高める」場所であることが求められることとなる。このことはすべての人間がひとらしく生きていくためには本来的に必要なことであり，現在のわが国の施設養護においても求められることである。施設を小規模化することや地域社会のなかにとけ込むことの重要性が養護関係者にも認められつつあるのは，このように子どもが人間らしく生活する環境や経験への配慮の視点が広がっていると考えられる。それだけではなく，施設で生活する子どもには，生活のなかで多くの心地よさを経験し，また多様な人間関係を営むなかで，こうした感覚を育む環境が必要である。

　今日，子どもに安心・安定した生活を提供し，子どもと職員とのかかわりを

通して治療環境とすること（いわゆる「環境療法」の提供）が，施設養護の役割として重要であることに異を唱える人は少ない。しかし同時に実態としては多くの子どもが生活するなかでこうした環境の提供がうまく行かない，あるいは具現化する方策がみえない場合もあり，被虐待体験をもつ子どもの施設入所が増加している今日ではとくに，援助・支援の質的向上を図る養護理論の構築が求められている。

　社会的養護の今後を考えるうえで，子どもが育つ場所として環境と共に重要な要素である関係について考えていく必要がある。社会的養護の場で出会う子どもたちは，それまでの生活経験のなかで計り知れない困難や苦痛を背負わざるをえない。とくに，深刻な子ども虐待の被害や家族における諸問題にさらされてきた子どもたちが施設養護を利用する。こうした「家庭を奪われた」子どもたちにとって，児童福祉施設を中心とする社会的養護という子どもの生活の場は，安心，安定した環境とともに適切な対人関係に支えられ，家庭に代わる「ひとが生きる場所」として，子どもの回復過程に寄り添う存在が必要である。

　施設養護における環境や関係は，子どもがそこの主人公として生活できる場所であり，ひとらしく生きる地域社会と密接な関係を保ち，家庭に代わる家庭的な環境の下で小規模で深い情緒的交流が可能な生活が保障される必要がある。確かにそこにある職員や里親などの養育者にとって，困難な家庭環境で育ち，ときには深く傷ついている子どもたちやその家族を援助することは，少ない資源や限界のある財源上の問題，さらには制度上の未整備がある現状では，大変な厳しい状況にある。そうした改善が今後も常になされていくように働きかけていくことは重要であり，同時にいまある環境や関係という資源をどのように有効に活用できるのかも問われている。これまで述べてきたように，複雑多岐にわたる困難性がこの児童養護の領域においても存在するが，養護の必要な子どもたちの生活を守る砦（とりで）としてこれからも一層その役割の重要性も高く，より質の高い援助や支援を行うことができるように1人ひとりの職員の資質向上や環境の充実のために，社会の努力が傾けられなければならないだろう。この「仕事」は，子どもの最善の利益のためには何が必要なのか考え続け，養育者

自身の実践を再構築し続ける絶え間ない努力が求められるのである。

（鈴木　力）

■注
(1) たとえば子どもに対する不適切な養育（Child Maltreatment）である体罰をしないというような子どもに対して「〜しない」という内容のものは，することを控える「ネガティブな権利・人権擁護」である。
(2) 森田ゆり（1999）『子どもと暴力』岩波書店に詳細が述べられているが，この森田の定義は多くの研究者，法曹関係者の一般的な合意事項といえるのではないか。
(3) 今日の「障害者自立支援法」（2005年）をみても，障がい者の自立を支援するという意味だけではなく，支援費制度の財源的な行き詰まりから負担増を求めたともいえよう。
(4) 児童福祉法に子どもの権利が明確となっていないこと，あるいは児童虐待の防止等に関する法律においてもこのことは同様であること，さらに児童福祉施設最低基準の人員配置が20数年改正されないままであり，いわゆる「先進諸国」の児童養護体系のなかでは「劣悪な状況」にあること等は明らかであり量的・質的なパラダイムを変換することが求められよう。しかし，本論においては，その改革の矛先を「制度・施策論的アプローチ」から求めるのではなく，まず現状の対人関係援助の課題を明らかにするという枠組みに限界線をもちながら，子どもの「自立」にとって必要なもの（ニーズ）の所在から考察をしていきたいと考える。制度・施策論と援助論は社会福祉において，「ソーシャル・アクション」という車軸を通じて連動し合うが，片方の調整のみでは課題を克服することは難しいと考える。その双方向性からの働きかけとして，ここでは自立支援として言葉のみで先行している現状を明らかにしたい。
(5) ボウルビィ著，仁木　武訳（1993）『母と子のアタッチメント——心の安全基地』医歯薬出版，p.15.
川崎　洋編（2000）『こどもの詩』文藝春秋，p.28.
ここでいう「強いられた自立」とは，その人々が自分の力で生活するだけの要件が整っていないのにもかかわらず，制度が示す年齢（中卒での就職自立する場合は15歳，あるいは18歳未満）によって，施設を退所し，寄る辺のない状態で生活することを求められることをいう。
(6) 滝川一廣（2004）『新しい思春期像と精神療法』金剛出版，p.122.
(7) 河合隼雄（1997）『子どもと悪』岩波書店，p.209.
(8) 厚生省児童家庭局家庭福祉課監修（1999）「児童自立支援ハンドブック」p.18.
(9) 主任研究者：庄司順一（2002）平成13年度厚生科学研究報告書「被虐待児童の保護者への指導法に関する研究」p.130.

(10) この点に関して，精神医学者である中井久夫は次のような示唆に富んだことばを述べている。「多くの教師による虐待例は，実際には二度目の虐待であって，幼い時，お父さんが確実にひどい暴力をふるっていたと，ほとんど治療が終わる頃になって初めて口を開くことがありました」（中井久夫（2004）『徴候・記憶・外傷』みすず書房，pp.153-154）。つまり，教師など援助者に起因する虐待の背景に一次虐待があるかもしれないという事実に目を向け，そのうえで「防止策」を講じる必要があるだろう。

(11) レルフ著，高野岳彦ほか訳（1999）『場所の現象学——没場所性を越えて』筑摩書房，p.307.

3章 施設養護の歴史
——貧困からとらえた社会的養護と施設養護

1 明治期の養護問題とその対策

(1) 明治以前——江戸時代の捨て子

　近代（明治）以前の養護問題とその対策は、どのようなものだったろうか。生産力に限界がある江戸時代には、飢饉などが起こると堕胎(だたい)・間引き、捨て子が絶えなかったが、一方で主に各藩や各地域による対策もあった。江戸期の捨て子は、他人へ養育を託す行為であり、子を殺す堕胎・間引きと異なっていた。捨て子の貰(もらい)手の多くは富裕層というよりは、養育料を目当てとする人々、家の存続を願うものなどであり、現実には捨てる側や貰う側の利害が絡み合っていた。そこには血縁ではない子どもを養子として貰い受け、労働力として子どもを求める考え方があった。したがって捨て子のその後の生活は必ずしも平穏ではなかったが、それでも地域の共同体による捨て子救済のシステムは存在した（沢山, 2008）。

　このシステムは、明治以後の養子縁組制度の源流となったが、ここでのテーマである施設養護は、近代（明治）以後の民間団体による慈善事業のなかで成立・発展したシステムである。

(2) 明治初期――棄児救済と恤救規則

　まず明治初年に政府は，堕胎・間引き，捨て子に対する取り締まりと保護を始める。これは幕末からの各県（藩(はん)）による堕胎禁止政策を引き継いだものである。その後1873（明治6）年に「棄児養育米給与方(きじよういくまいきゅうよがた)」を整備し，15歳未満の「棄児」に対して，建前上国家による扶養をすることとした。同年に法的に整備された戸籍では，捨て子は「棄児」と明記されることとなった。

　1874（明治7）年に，生活困窮者に対して国家が行う救済制度である恤救(じゅっきゅう)規則が成立する。この救済の対象に「13歳以下の者」が含まれるが，しかしこの制度は「人民相互の情誼」を原則として，その範囲外，つまり法的にも「孤立無援」の子どもに限られ，その実際の救済数もごくわずかであった。

(3) 明治期の育児施設の創設と発展

　こうした制限的な貧困政策に対して，明治期には慈善事業による救済事業，とくに育児施設が次々に創設された。横浜慈仁堂（1873〔明治6〕年），長崎の浦上養育院（1875〔明治8〕年）などのカトリック系の施設，プロテスタント系の石井十次による岡山孤児院（1887〔明治20〕年），また東京の福田会育児院（1879〔明治12〕年）や長野の大勧進養育院（1883〔明治16〕年）などの仏教系の施設，さらに各府県レベルで設置された大分の日田養育院（1869〔明治2〕年）や東京養育院（1872〔明治5〕年）などがある。こうした棄児・孤児のための育児施設は，明治期を通じて約100カ所と報告されている。

　孤児救済と並んで，子どもの非行や犯罪の増加に対し，感化教育事業が発展した。1883（明治16）年に池上雪枝は大阪に池上感化院を，1885（明治18）年に高瀬真卿(しんけい)が東京感化院を設置した。また欧米での経験を基礎に留岡幸助が1899（明治32）に創設した家庭学校などが有名である。

　これらの施設は当初は放置できない子どもの養育を私宅などで引き受けたことから始まり，後に多数の子どもを預かり，新たに建物を設置する場合が多く，その経営は苦しく，多くは農作業などで自給自足的に運営していた。

(4) 育児施設の発展の特徴

　その後の育児施設の発展には，いくつかの特徴がある。第一に孤児救済として始まる育児施設は，次第に年齢や問題別に処遇する分類収容が進んだ。東京養育院は貧民救済の総合的な収容施設として始まり，当初は成人の同伴児の受入れから，棄児・孤児を収容し，さらに非行少年のための感化部が，また病・虚弱児の分院などが設置される経過をたどる。

　第二に育児施設から障がい児施設が分化して発展する。日本で始めての知的障がい児施設である石井亮一の孤女学院（後の滝之川学園）は，1891（明治24）年の濃尾大地震の際に孤児となった子どもたちを預かることから始まるが，そのなかにいた知的障がい児への教育の探求から始まっている。この経過は，国が進めていた義務教育では排除されていた障がいをもつ子どもに，これらの育児施設が教育の場を保障して，教育方法を模索したことを示す。

　第三に，その事業の延長で里親事業を始めている育児施設があったことである。たとえば，岡山孤児院を設立した石井は，創設以来，孤児教育の模索など試行錯誤を繰り返すが，明治後期にはイギリスのバーナード・ホームを参考にして，子ども15人に1人の保母を配置させる家族（小舎）制を実施し，また乳幼児を農家に養育を委託する事業を開始している。

　最後に児童救済をきっかけに慈善事業は，明治後期から大正期にかけて大都市の貧困地域でのセツルメント活動につながっていった。セツルメントとは，貧困問題を根本的に解決する（防貧）必要があるという考え方のもとで，知識人や慈善（社会）事業家が大都市のスラム（貧困が集中する地域）に住み込んで行う，託児，教育，授産，医療など生活全般への援助活動である。また人身売買防止や廃娼など当時の社会問題に対する社会への啓蒙活動も明治後期から始まっている。さらに「感化救済」の特徴をもった慈善事業の運動は，1901（明治34）年の感化法の成立に結びつき，国の対策に大きな影響を与えた。

2 明治末から大正・昭和初期

(1) 近代的貧困の登場と新たな子どもの問題

　日本は明治30年代（1897～1906年）に本格的な近代産業の発展期を迎え，国力を強化する一方で，貧困階層を生み出した。その後，明治末（1907年～）から大正（1912～1926），昭和初期（1926～1930頃）にかけて，この近代的な貧困問題が深刻化して，本格的な国の福祉政策＝社会事業が登場する。

　1899（明治32）年に出版された横山源之助の『日本の下層社会』は，都市の貧民街を「社会」のなかの「下層」として認識した。明治を通じて多くの農民が土地を失って都市へ流入したが，職は十分ではなく，多くの雑業者と失業者が生まれた。こうした人々は貧民街を形成することで生活を維持し，その職業は，日雇，人力車夫，くずひろい，芸人などの雑業が多く，不安定な日収のため，家族としての生活を形成できなかった。こうした近代的貧困は，新たな子どもの問題を増大させる背景となり，劣悪な養育環境から孤児や棄児，非行，犯罪が生まれ，国としての対策が迫られるようになる。

　またこの時期には，農村で働いていた多くの子どもは，凶作などで困窮した農村での仕事もなく，工場や都市部などに流れ，身売りなども頻発した。こうして児童労働が広がり，労働問題としても社会問題になる。明治以後，義務教育制度を推し進めた政府も，政策的に解決の必要な問題と受け止めた。

(2) 児童保護事業の広がり──児童問題に対する各種立法の制定

　工場での児童労働に対して，政府は1911（明治44）年に工場法を公布し，5年後の1916（大正5）年から施行した。その内容は，16歳未満の児童と女子の労働時間の制限，12歳未満の子どもの雇用禁止を中心としたが，内容は産業界からの反対もあり，多くの例外規定を残した。

　大正期に慈善団体が展開した運動も影響して，救護法が1929（昭和4）年に成立して1932（昭和7）年から施行された。戦後の生活保護と違って扶助は権利ではなく国家の義務とする立場だったが，恤救規則に比べて，扶助を受ける

人々は10倍になった。また育児施設も救護法の対象となり，施設設備や生活費が一部支給となり，児童保護事業は制度化される。

　大正末期から都市で頻発した母子心中が，昭和初期にも続いて社会問題化した。救護法では働ける母親は対象外だったため，生活に困窮する母子は増大した。また大正期から問題となっていたのは子ども虐待だった。農村の身売りなどを背景に，たとえばサーカスや遊戯場，水商売などの業務で過酷な労働を強いられた子どもが社会問題となり，14歳未満の被虐待児を対象として，児童虐待防止法が同年に成立する。また同年に少年救護法が成立して，感化院は教護院となる。

（3）戦時下の児童保護——人的資源確保としての児童保護

　1930年代初めの国内外の急激な変動，とくに満州事変をきっかけとして，日本国内は国家主義の機運が高まった。1937（昭和12）年の盧溝橋事件から始まった日中戦争によって，国家総力戦の考え方が広がり，兵力や労働力の源泉としての国民体力の向上，疾病予防などが重視された。

　そのなかで1937（昭和12）年に母子保護法が成立し，母子保健，乳幼児対策に注目が集まり，関連する政策が展開された。この背景には1920年代の慢性的不況と1929（昭和4）年の世界恐慌以後，都市では失業者が増大し，農村の困窮は深刻化した状況もある。1930年代は欠食児童，子どもの身売りや親子心中が社会問題化していた。こうした状況下で戦時体制に向け，児童保護政策は人的資源確保としての目的をもつようになる。

　この母子対策の重視は，従来の児童保護の考え方を変えた。従来は貧困対策の一環として扶養者のいない児童を救済の対象としたが，戦時下では「母子一体」の視点から児童保護が考えられた。従来の恤救規則や救護法による保護は「現物（施設保護や里親委託）を支給するだけ」で不十分であり，「養育を全うする」目的が必要となり，「子供の保護は同時に母を保護し母子を合せて保護する」方向が打ち出されている（村上　1987）。

　したがって養護事業はとくに注目をひくものではなく，理念としては従来の

救貧法による救貧から軍事援護，戦災孤児保護という目的に変わった。養護施設は1942（昭和17）年に全国117施設，取扱児童9,700名であったが，その後の空襲による消失，閉鎖で終戦時には86施設，5,600名に減っている。

3 終戦時から戦後復興期——戦後の施設養護の始まり

（1）終戦時——戦災孤児対策から浮浪児対策へ

　1937（昭和12）年の日中戦争，1941（昭和16）年の太平洋戦争と続いた戦争は，1945（昭和20）年8月に日本の敗北で終わり，ぼう大な被害を国民生活に残した。約310万人の死者は人口の4％であり，約1500万人が空襲などで家を失い，当面の生活に困窮していた。親を失った，あるいは生き別れた子どもたちが街にあふれていた。

　戦後の児童保護は，この戦災孤児の応急対策から始まった。すでに終戦前の1945（昭和20）年6月段階で，保護を必要とした戦災孤児は12,700人と推計された。同年9月20日に「戦災孤児等保護対策要綱」が決定され，その保護の方法は，①個人家庭への保護委託，②養子縁組の斡旋，③育児施設への入所の3方法であり，施設保護だけではなく，里親に委託する保護と養育も強調された。

　しかし秋以後には，都市の盛り場に従来の戦災孤児の群れに，戦後の混乱と物価上昇・食料不足のために，多くの「浮浪児」が加わるようになる。「靴みがき」「もらい」「残飯あさり」をする子どもが多かったが，次第に恐喝や窃盗などの反社会的行為が目立つようになり，常習化・集団化した。

　この状況に対して翌1946（昭和21）年4月に「浮浪児その他の児童保護等の応急措置実施に関する件」と同年9月に「主要地方浮浪児等保護要綱」が発表された。これは前年の対策に比べて都市を中心にした「一斉保護（通称「刈り込み」）」，すなわち施設での収容保護を，治安対策の目的で実施した。しかし収容された子どもの多くは施設を脱走することを繰り返した。こうして施設

への収容保護対策は根本的に再検討される必要性がでてきた。

(2) 児童福祉法の成立と養護施設

　この時期の政府は，アメリカの占領政策の指導の下にあり，福祉政策もその一環であった。戦後の混乱期には復員軍人や引揚者，一般戦災者問題など戦後処理として対応すべき問題は山積みしていた。政府は1946（昭和21）年9月に旧生活保護法を公布した。これに従って戦災孤児の対策も当初は「浮浪児」対策として貧困対策の一部として始まる。しかし上述したように，増大する「浮浪児」と治安の悪化に対して，施設保護の方法をとったが効果がなく，貧困対策とは異なる児童保護の検討が始まり，その議論が児童福祉法の制定につながっていく。

　1947（昭和22）年12月に成立した児童福祉法は，要保護児童対策のみならず，すべての子どもの健全育成と積極的福祉増進を目的とした。こうして戦前の「児童保護」から，新しい「児童福祉」の理念が謳われ，子どもも権利として社会的養護を受けることになり，公的責任が定められた。

　児童福祉の公的機関や事業に関する規則が定められ，児童福祉施設も再編された。戦前の育児施設は乳児院，養護施設として法制化された。さらに1948（昭和23）年に「児童福祉施設最低基準」が定められた。児童相談所を通じて子どもは施設に保護され，施設には入所児童数に応じて国や自治体から措置費が支払われる現行の仕組みが確立した。

　また児童福祉法成立時に里親制度も規定されたが，厚生省（現・厚生労働省）は運営のガイドラインを通知などで示すのみで，国としての里親定義や最低基準を示したのは，戦後50年を経た2002（平成14）年の児童福祉法改正である。里親に委託された子どもの数は，制定時から1960年頃まで増える（1959年に8,986人）が，その後は1999年まで一貫して減少してきた（2007年3,633人）。里親が社会的養護の主流である欧米に比べて，日本では施設養護：里親制度はほぼ9：1であり，その後現在まで一貫して施設養護を中心としてきた。

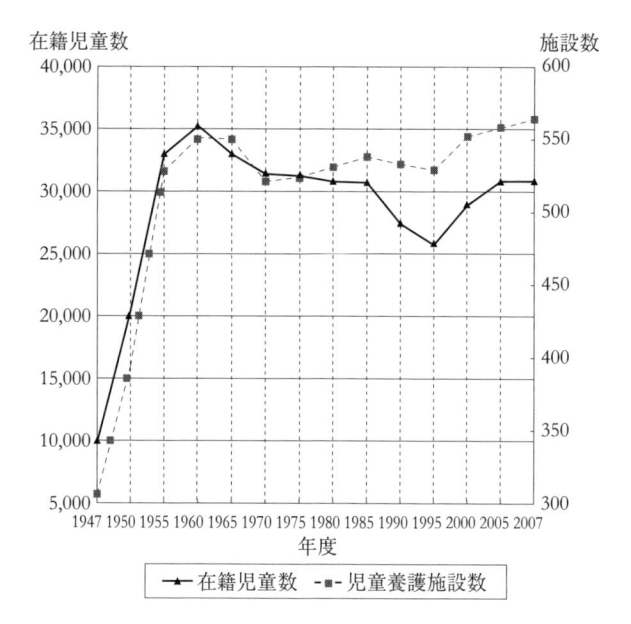

図3-1　戦後の児童養護施設在籍児童数・施設数の推移
出典：グッドマン著，津崎哲雄訳（2006）『日本の児童養護』明石書店，p.88 より筆者作成

（3）戦後の養護施設の推移

さて終戦時，「浮浪児」の収容事業から始まった養護施設は，1945（昭和20）年の86施設から，1947（昭和22）年に306施設（在籍約10,000名）に増え，5年後の1950（昭和25）に394施設（約20,000名），1955（昭和30）年に528施設（33,000名）にまで急増した。現在の児童養護施設の多くがこの時期に創設されている。

これ以後の50年間は，全国的な少子化の影響もあって緩やかに減少しながら，1995（平成7）年に約25,000名にまで減る。そして1990年代の後半から，再度増加を続けて現在に至っている（2007年―564施設，30,199人）。

4　戦後における社会的養護と施設養護

(1) 1955～1970年代前半──戦後復興から高度経済成長

　1956（昭和31）年3月に経済白書で「もはや戦後ではない」と示された頃から，日本は農業国から工業国へと転換する高度経済成長政策が進み，国民の生活も大きく変化し，都市への人口の集中，雇用労働者の増加，核家族化が進んだ。国民の生活水準は急激に向上したが，他方で低所得層の生活水準は伸びず，所得格差が拡大した。低所得の家族に共稼ぎが増え，また母子家庭も増加した。この低所得層の家庭への保育所の整備拡大などが進んだ。

　また1950年代後半から重度の障がい児の対策の遅れが問題となり，児童福祉施設のなかで，知的障害児施設や重症心身障がい児などの療育施設が整備された。児童福祉の施設形態は戦前の救貧対策としての性格から，障がい別，その程度別に入所施設，通所施設，利用施設へと種類が増加していった。

　こうして保育所対策や障がい児対策が進み，それまで中心であった養護施設対策は後方に退くことになった。さらに養護施設入所児には，戦災孤児などの「親のいない子ども」は急速に減少して，1960年頃から低所得者の家庭の子どもを中心に，離婚や家庭不和，親の疾病や行方不明などを入所理由とする「親のいる子ども」の割合が増えていく。

(2) 1970年代後半からの変化──低成長期から現在

　1974（昭和49）年のオイルショック以後の高度経済成長の破綻（はたん）によって，構造不況と物価上昇は国民生活を直撃した。サラ金苦からの自殺や心中，家出などの事件が相次いだ。この時期に養護施設の子どもの入所理由のなかで親の離別による養育困難が増加し，離婚後の母子家庭が3分の2以上を占めた。

　1980（昭和55）年前後から経済情勢の悪化を背景に福祉政策は後退した。しかし1980年代に進んでいった少子化が，1990年前後に大きな社会問題となり，1990年代からは少子化対策が本格化する。また1990年初めにバブル経済が破

綻してからは，戦後40年間続いた終身雇用制が崩れ，高い失業率が続き，さらに2000年以後はワーキングプアや格差拡大が進んでいる。

1970年代後半からの養護問題は，親の精神障がい，虐待など，養育困難に至る原因と過程が複雑に重層化してきた。反面，一般の少子化を背景に入所児童数は徐々に減り続け，1980年代後半には，定員割れが施設関係者の間では大きな問題となっていた。

ところが1990年代から子ども虐待が大きな社会問題となり，2000（平成12）年に児童虐待の防止等に関する法律が成立する。養護施設にも被虐待児の入所が目立ち，1995（平成7）年から施設の入所児童が増え始めて現在にいたる。また1990年代には子どもの養育に不安を感じる一般の母親に対して，子育て支援が国をあげて始まるが，虐待問題も子育て支援策の一部として社会的に認識される。施設養護の議論も高まり，小規模化，家庭的養護の取り組みも活性化するが，一部の施設で虐待が長年行われてきたことが明るみになる事件も起こった。

1997（平成9）年には児童福祉法が大幅に改正され，保育所の新しい利用手続（行政との契約方式），児童相談体制の強化とともに児童福祉施設も再編された。養護施設は児童養護施設，教護院は児童自立支援施設となり，子どもへの自立支援が法の目的として明確化された。

（3）貧困問題，社会的排除としての社会的養護——論点①

戦前と，終戦，復興期から高度経済成長期，低成長期，そして現在に至る戦後60年間，養護施設に入所する子どものおかれた立場，すなわち入所前と入所後，退所後に至るまでの状況には一貫して貧困問題があることを，養護施設入所児や児童虐待に関する多くの調査が示している。

1955（昭和30）年に全国平均で52％だった高校進学率は1974（昭和49）年に90％を超えるが，同じとき養護施設の入所児童の高校進学率は41％である。1973（昭和48）年度からの養護施設児童に対する特別育成費支給によって高校進学率は高まったが，それでも2005年でもなお87.7％（全国平均97.6％）と低

い。また大学・短大・専修学校進学率は74％に対して児童養護施設出身者は20％である。

この圧倒的な格差の背景（のひとつ）には親の貧困がある。家庭の貧困が子どもの低い学力に結びつき、また貧困のために進学をあきらめる。低い学歴が就職の不利益につながる。貧困問題として社会的養護を考えると、とくに高度経済成長期に養護施設の子どもたちと一般家庭の養育との格差は拡大する一方であったことが確認できる。

一方で、居住空間や設備など施設生活に関する基準を定めた児童福祉施設最低基準は、1948（昭和23）年という国民生活全般が貧しい時代に成立したため、低位な水準であった。しかしその後の経済発展にもかかわらず、現在に至るまでその抜本的な改革はない。1976（昭和51）年に改正された人員配置（職員1人対子ども6人）は現在でも変わっていない。

この背景には、日本では「家がない」「食べていけない」状態が貧困であるという絶対的貧困の考え方がある。貧困基準（最低限度の生活）を、その時代と社会の変化に応じて考え理解されることが少ない。だから「収容保護」時代に成立した最低基準の枠組みが現在まで続いている。

ところで最近、貧困を具体的に考える概念として「社会的排除」論が注目されている。社会的養護問題は、親の所得の低位性、生活の不安定が子どもの養育、教育環境の悪化と結びつき、地域社会から家庭の社会的孤立や虐待を引き起こす。その結果、子どもに極端に低い自己肯定感を引き起こす。それがまた次世代に連鎖するといった社会的排除として理解できる。

（4）ホスピタリズム論争と施設養護——論点②

戦後処理として開始された収容保護が児童福祉法による養護施設となり、施設数が急増した1950年代に、施設養護に関するホスピタリズム論争が施設関係者のあいだで起こる。集団的処遇が子どもの発達に弊害（ホスピタリズム）をもたらすという指摘から、施設生活への家庭的な生活の導入、小舎制の必要性などが議論され、実際にこうした取り組みも各施設で始まる。しかしこの家

庭的養護論に対して，集団生活のなかでこそ子どもは社会性を身につけるといった集団主義養護論を主張する人々が1960年代に現れる。

　ホスピタリズム研究は欧米から紹介された知見であるが，欧米では修道院による孤児施設などが何世紀もの長い歴史をもって続いていた。しかし第二次大戦後，施設で育った子どもが一般家庭の子どもと比べて発達のハンディをもつ確率が高いという研究が発表され，これを契機に欧米では伝統的な養護施設を解体して里親制度へと移行し，施設も小規模なものへと転換した。

　しかし明治期の育児施設の経験と，戦後処理として施設が続々と創設されたばかりであった日本では，この論争の決着はなかった。何よりも，その後の経済的な発展をたどる風潮のなかで，この論争は社会的な問題となることはなかった。こうして，その多くは定員80から100名ほどの大舎制を主流とした施設養護は，現在まで続くことになる。

　ところで1960年代に国は児童福祉における家庭の機能を再確認し，家庭重視の姿勢を明らかにしている。戦後社会において，ホスピタリズム論争が施設養護改革の契機に結びつかなかった背景には，養育の中心が家族であると強調される一方で，育児などの家庭内の出来事が私事化され，社会の問題として見えにくくなったことがある。子育てがより自由になったともいえる。しかし現在，とくに1990年代以後は，貧困がたやすく社会的な孤立をもたらし，子育てはすぐに孤立無援に陥るようになった。孤立無縁な子どもが施設に入所する。すると社会は施設に任せるのみで無関心になる。施設養護は，一般の家庭内の母親による育児同様，社会から隠蔽(いんぺい)されてきたといえる。

(5) 回復と自立への過程を示すこと——論点③

　日本では，社会的養護を貧困問題として議論されることが少なかったが，これは「養護児童＝貧困児」といった印象を固定化させてしまうことへの配慮があったからと考えられる。しかしその結果，養護問題の発生と家庭の経済問題との相関関係について焦点があてられてこなかった。実際には虐待などの養護問題の背景には，不安定な雇用や親の不安定な生活，離婚などの問題が複雑に

絡んでいる。施設養護対策の充実にあわせ，貧困対策，労働対策として社会的養護問題をとらえる必要がある。

さらに，現在進んでいる施設養護の改革では，子どもへの治療的な配慮がなされている。しかし社会が「深刻な虐待児」を施設内の育児に任せてしまうだけでは「社会的」養護にならない。里親であっても，それは同じである。

さらに重要なことは，施設での回復と社会への自立を施設の子どもたち自身が社会に示すことであり，そのための関係者の支援である。戦後，養護問題が社会的に大きな問題とならなかったのは，当事者や関係者などによる圧力団体の力が極端に少なかったからでもある。現代の子育て論では，苦労や不安とともにさまざまな新たな試みが実践され，語られている。これからは，施設養護における子育ての試みが，新たな社会の子育てのモデル（希望）として社会へ提示されていくことを期待したい。

（尾島　豊）

■引用・参考文献

グッドマン著，津崎哲雄訳（2006）『日本の児童養護——児童養護学への招待』明石書店
糸賀一雄・積　惟勝・浦辺　史（1967）『施設養護論』ミネルヴァ書房
北川清一編著（2005）『児童福祉施設と実践方法——養護原理とソーシャルワーク』中央法規
村上貴美子（1987）『占領期の福祉政策』勁草書房
村瀬喜代子・青木省三編（2008）『こころの科学　137　児童福祉施設』日本評論社
沢山美果子著（2008）『江戸の捨て子たち——その肖像』吉川弘文館
上野加代子編著（2006）『児童虐待のポリティクス——「こころ」の問題から「社会」の問題』へ』明石書店
吉田久一（1971）『昭和社会事業史』ミネルヴァ書房

4章 児童養護にかかわるその他の施設

　この章では，児童養護にかかわるその他の施設として児童養護施設以外の施設を取り上げる。とくに，社会的養護の下に暮らす子どもたちのための施設として乳児院，児童自立支援施設，情緒障害児短期治療施設，自立援助ホーム，母子生活支援施設についての理解を深めていく。

1　乳児院──児童福祉法第37条

（1）乳児院とは

　乳児院とは，児童福祉法に規定された児童福祉施設の1つである。
　対象になるのは，乳児（0歳から1歳未満）から，幼児（1歳から小学校就学始期までの者）であり，またその保護者や家族である。児童相談所を介しての措置による入所，利用をする施設である。2010（平成22）年3月現在，全国に124カ所あり，2,968人が入所している。入所の理由として母親の病気，保護者からの虐待などがあげられる。

（2）職員

　職員は児童福祉施設最低基準により規定されており，子どもたちの生活に直接かかわる看護師，保育士，児童指導員のほかに，栄養士，調理員，嘱託医の

配置が義務付けられている。また，専門的援助の提供を目的として，家庭復帰に向けて家庭や児童相談所などの関連機関との連絡調整を中心に行う家庭支援専門相談員（ファミリー・ソーシャルワーカー），心理に関する相談や援助を担当する心理療法担当職員，被虐待児などに対応する個別対応職員などの配置がされている。

（3）歴史的動向

　乳児院の元になる施設は，孤児院などの保護を必要とした人々のための施設からの流れと医療施設からの発展型としての2つの流れがあるとされている。

　第二次世界大戦後の1947（昭和22）年，児童福祉法の制定に伴い，現在のように制度化された。制定当初は，戦災孤児・災害孤児対策としての役割を果たす面が強かった。しかし，その後，社会的養護を必要とする子どもや家族の状況は大きく変化をしていった。現在，入所している子どもには両親もしくはどちらかの親がおり，「孤児」のケースはほとんどみられない。しかも，虐待などを理由に入所している子どもも増加しており，子どもだけでなく家族に対する支援も重要になってきている。2003年に発表された全国乳児福祉協議会，「21世紀の乳児院のあり方を考える特別研究会最終報告書」によると，「21世紀における乳児院のあり方」として，従来の「チャイルド・ケア」（子どもの養育）から「チャイルド＆ファミリー・ケア」（子どもと家族のケア）へと転換すべきことが提言された。つまり乳児院は，家庭の代替施設から家庭の補完をし，さらに家庭へ支援を提供する施設へとその役割を変化させようとしている。

（4）今後の課題

　乳児院で子どもたちの養育の基本となっているのは，保育看護（保育と看護の両方の知識，技術を用い子どもたちの養育を実践する）である。乳児院に入所している多くの子どもが服薬等を必要とする健康上の問題をもっており，保育者は，保育の知識だけでなく看護の知識もあわせもつ必要がある。さらに，虐待の増加による被虐待児への対応，家族再統合への支援等，家族に対する支援

の充実が求められている。

　また，ボウルビィの愛着（アタッチメント）理論をはじめとして，乳幼児期に特定の養育者との間に信頼関係を築くことも子どもたちには重要であるといわれている。これらを満たすための実践として多くの乳児院が担当保育制を取り入れている。しかし，交代制勤務等の事情により十分に子どもの愛情欲求を満たすことが困難であり，人員の不足も大きな課題である。

2 児童自立支援施設──児童福祉法第44条

（1）児童自立支援施設とは

　児童自立支援施設は，「不良行為をなし，又はなすおそれのある児童及び家庭環境その他の環境上の理由により生活指導等を要する児童を入所させ，又は保護者の下から通わせて，個々の児童の状況に応じて必要な指導を行い，その自立を支援し，あわせて退所した者について相談その他の援助を行うことを目的とする施設」である。

　対象になるのは，不良行為を行った児童，また不良行為をなす恐れのある児童，家庭環境や生活環境に問題を抱える児童とその家族である。

　2010年3月現在，全国に58カ所あり，入所児童は1,545人である。児童福祉法施行令によって都道府県に設置義務が課せられている。そのため，施設のほとんどが公立（民間は北海道家庭学校，横浜家庭学校の2施設のみ）である。

　入所に至る養護問題発生理由は，ネグレクトや両親の離婚などによる家庭環境の問題があげられる。

（2）職員

　児童福祉施設最低基準により規定されている職員配置は，児童自立支援専門員（児童の自立支援を行う），児童生活支援員（児童の生活支援を行う），職業指導を行う職業指導員，嘱託医および，精神科の診療に相当の経験を有する医師

または嘱託医，栄養士，調理員である。

　専門的な支援を行う職員として，家庭支援専門相談員，心理療法担当職員，被虐待児個別対応職員の配置も進められている。

（3）歴史的動向

　児童自立支援施設のルーツは，古く，明治時代までさかのぼる。当時，罪を犯した少年を保護，収監する施設はなく，成人とともに収監していた。少年たちの成育歴には，家庭環境に恵まれず，教育を受けていないという共通した背景をもっていたことから留岡幸助や原胤昭（たねあき）ら民間人たちによって少年保護事業がすすめられ制度化につながった経緯がある。1900（明治33）年に感化法制定により「感化院」が設置された。以後，「少年教護院」「教護院」と名称が変更された。現在の「児童自立支援施設」へと名称変更されたのは，1997（平成9）年の児童福祉法改正時である。名称の変更とともに，提供される支援の内容についても拡充されていった。

（4）今後の課題

　2006（平成18）年に「児童自立支援施設のあり方に関する研究会」が報告書を発表した。そのなかで，自立支援機能の充実・強化をはかるために「アセスメント及び自立支援計画策定のあり方」「被虐待経験や発達障害等を有する特別なケアを要する子どもの支援・援助のあり方」「自らの行った非行行為と向き合う取組を通じた自立支援のあり方」「アフターケアのあり方」「親（保護者）支援・家族支援のあり方」「子どもの権利擁護のあり方」などを課題としてあげている。また，「学校教育について：学校教育の積極的促進，子どもにあった個別的プログラム作成，子どもの在籍する学校との緊密な連携をはかること」などがあげられ，「施設機能の拡充について：相談機能，通所支援機能を拡充する」ことなどが課題としてあげられている。これらについて具体的に実践をしていくことが重要であり，それらを実現していくことが今後の課題である。

3 情緒障害児短期治療施設——児童福祉法第43条の5

(1) 情緒障害児短期治療施設とは

　情緒障害児短期治療施設は，「軽度の情緒障害を有する児童を，短期間，入所させ，又は保護者の下から通わせて，その情緒障害を治し，あわせて退所した者について相談その他の援助を行うことを目的とする施設」である。

　情緒障がいは，医学的な診断名ではなく，行為障がい，発達障がいなどを含むさまざまな問題行動を包括的にとらえた行政用語である。

　情緒障がいとして扱われてきた具体的な症状や行動をあげると，「反抗，感情爆発，友達と遊べない，落ち着きがない，はいかい，内気・孤立，神経性習癖，恐怖・脅迫症状，いじめ（被害者となる），不登校，閉じこもり，家庭内暴力，乱費，昼夜逆転の生活，いじめ（加害者となる），学力の極端なバラツキ，集団不適応，心身症状，抑鬱，睡眠障害，摂食障害，自殺念慮等」（宮島，2010）。

　2010（平成22）年3月現在，全国に33施設あり，現員は1,111人である。

　対象になるのは，情緒に問題や障がいを抱えている児童，その家族である。つまり，虐待やさまざまな理由により，家庭で生活が送れなくなった子どものなかで，著しく心理的，環境に対して不適応を症状として示し，それらに対して治療が必要であると認められた子どもやその家族である。

　児童養護施設入所児童等調査結果2008（平成20）年によると，入所している子どもの約7割が虐待経験を有しているとされている。

(2) 職員

　職員には，医師（精神科または小児科の診療に相当の経験を有する者），心理療法を担当する職員，児童指導員，保育士，看護師，栄養士および調理員の配置が義務付けられている。また，家庭支援専門相談員，被虐待児個別対応職員の配置されている。

心理療法を担当する職員の数は，おおむね児童10人につき1人以上とされており，他の児童福祉施設よりも多く配置されている。

(3) 歴史的動向

情緒障害児短期治療施設が制度化されたのは1961（昭和36）年の児童福祉法改正時である。昭和30年代は，社会経済も発展をし，子どもや家庭を取り巻く環境も大きく変わっていった時代である。社会の流れに伴い，核家族化などにみられる家族形態の変化，人間関係の希薄化が指摘されるようになってきた。同時に，少年非行などの問題も社会の注目を集めるようになった。

このような背景から情緒障害児短期治療施設は，情緒に問題をもつ子どもの治療や教育を目的に創設され，公立3施設が創設されるに至った。創設当初は，非行児童の入所者が多く，非行を家庭や学校での不適応の状態ととらえ，短期間の利用によって治療や生活指導を行うことが中心であった。その後，不登校の問題が社会問題化してくると，不登校の子どもの利用が増加をしていった。そして，現在は虐待を受けた子どもやひきこもり，摂食障害などの思春期に抱えやすい問題をもつ子どもやその家族への支援，治療が中心となっている。このように，社会の状況に伴い，利用する子どもたちの姿も変わっている。また，1961（昭和36）年当初は，おおむね12歳未満の児童を対象としていたが，実際には12歳以上の子どもの利用が増加したことや子どもの在所期間も想定より長期に渡っていることなどを受けて，1997（平成9）年の児童福祉法改正時に，年齢制限の撤廃を行い，必要と認められた場合には20歳までの利用の継続が可能となった。

(4) 今後の課題

子ども虐待問題の増加により，情緒障害児短期治療施設に対する期待は大きい。2000（平成12）年厚生省が発表した「健やか親子21検討会報告書」によって2010（平成22）年までに各都道府県に1施設を設置する方針が立てられた。今後も増設が見込まれる。また，「短期」では，治療が困難なケースが

多いことが指摘されている。このようなことも含めて支援のあり方，施設の名称を変更することなどが課題である。

4 自立援助ホーム——児童自立生活援助事業

（1）自立援助ホームとは

　正式には，「児童自立生活援助事業」といい，児童福祉法によって規定をされている事業である。自立援助ホームは，「児童の自立支援を図る観点から，義務教育終了後，児童養護施設，児童自立支援施設等を退所し，就職する児童に対し，これらの者が共同生活を営むべき住居において，相談その他の日常生活上の援助及び生活指導並びに就業の支援を行い，あわせて援助の実施を解除された者への相談その他の援助を行うことにより，社会的自立の促進に寄与する」（厚生労働省雇用均等児童局長「児童自立生活援助事業の実施について」の一部校正について（通知）2011（平成23）年）ことを目的としている。2010（平成22）年現在，全国に59カ所あり，283人が入所している。

　対象になるのは，義務教育終了後から18歳未満の者であり，児童福祉施設に措置されていない者である。必要が認められれば，20歳まで入所期間が延長可能である。つまり，なんらかの理由により家庭で暮らすことのできない，「自立」を余儀なくされた，15歳から20歳までの青少年である。

　提供されている事業の内容は，「児童が自立した生活を営むことができるよう，当該児童の身体及び精神の状況並びにその置かれている環境に応じて適切な援助及び生活指導を行う」とされている。具体的には，①就労に関する援助（就労への取り組み姿勢，職場の対人関係の援助や指導），②日常生活に関する援助（健康管理，金銭管理，余暇の活用，食事等の生活全般に関する援助や助言），③職場開拓等に関する援助（職場開拓，安定した職業に就かせるための援助や指導），④家族援助（子どもの状況に応じた家庭環境調整），⑤関係機関との連携（児童相談所や児童家庭支援センター，児童委員，公共職業安定所等との連携），⑥アフ

ターケア（自立援助ホームを退所した者に対する生活相談等の援助），⑦対外関係調整（就労先や警察等関係機関との関係調整が必要な子どもへの援助，生活指導）などが援助として実践されている。

(2) 職員

援助および生活指導を行う職員は，児童指導員や保育士の有資格者，または児童福祉事業や社会福祉事業に2年以上従事した者のいずれかに該当する者である。

(3) 歴史的動向

自立援助ホームの歴史を振り返ると，児童養護施設等のアフターケア（施設を退所した子どもへの相談援助活動）につながる。1953（昭和28）年に神奈川県立霞台青年寮での実践が先駆けといわれている。しかし，その後は公立主導ではなく民間主導の取り組みとして発展していく。当時，養護施設では，高校進学率も低く，義務教育を終了した者はすぐに就職自立をし，施設を退所していくことが多かった。養護施設での義務教育終了者へのサポートは不十分であり，社会的支援も乏しく，制度も整っていなかった。そのため，施設関係者等がボランティアでアフターケアを行っていた。その後，アフターケアを制度化する必要性が高まり，都市部を中心に自立援助ホームの設置が進んだ。

自立援助ホームの活動が「自立相談援助事業」として認められ，国レベルでの制度化に向けて，国庫補助がされるようになったのは，1988（昭和63）年であった。そして，1997（平成9）年の児童福祉法の改正で第二種社会福祉事業として規定された。さらに，2004（平成16）年の児童福祉法改正において，退所後の相談指導も行うことが明文化された。

(4) 今後の課題

2003（平成15）年に発表された，「社会的養護のあり方に関する専門家委員会」の報告書によると，里親委託解除の子どもや施設退所後の児童等に対する

支援は,「生活拠点の確保,就労支援が重要」であり,自立援助ホームが果たす役割は大きい。第一種社会福祉事業への変更を含めて「設置促進や機能の強化を図る」ことが課題である。また,入所者の多くが,中卒,高校中退等の学歴であるため,正規雇用で働くことが困難である。進学希望者等の教育に関する支援も求められている。

5 母子生活支援施設——児童福祉法第38条

(1) 母子生活支援施設とは

母子生活支援施設は,「配偶者のない女子又はこれに準ずる事情にある女子及びその者の監護すべき児童を入所させて,これらの者を保護するとともに,これらの者の自立の促進のためにその生活を支援し,あわせて退所した者について相談その他の援助を行うことを目的とする施設」である。

児童福祉施設のなかで,唯一,母子で入所ができる施設である。2010(平成22)年現在,全国に272施設,4,002世帯の利用者がいる。

対象になるのは,児童福祉法の対象とされている18歳未満の児童(20歳まで延長可能)を養育しているひとり親家庭の女性である。

入所の主な理由は,配偶者やそれに準ずる関係の男性からの暴力,住宅事情や経済的事情などである。

施設利用の方法は,福祉事務所を窓口とした利用・契約型となっており,本人(母親)の意思によって申し込みを行っている。

母子生活支援施設で生活をする利用者に対して提供される支援は,次のようにあげられる。①癒しを得ることができる生活環境の提供,②相談機能,③生活支援と生活スキルの向上支援,④子育て支援と子どもへの支援,⑤健康維持のための支援,⑥就労支援,⑦危機対応,⑧アフターケア,である。また,地域で暮らすひとり親家庭の支援は,①地域支援(交流の場の提供),②危機対応,③相談機能などがあげられる(全国母子生活支援協議会,2009)。

(2) 職員

　母子生活支援施設で働く職員は，母子支援員（母子の生活指導を行う），嘱託医，少年を指導する職員（通称；少年指導員），調理員，保育士などである。また，心理療法担当職員，個別対応職員も配置がされている。

(3) 歴史的動向

　母子生活支援施設の歴史は古く，大正時代にその源流をみることができる。「母子を保護する」ことが法律によって位置づけられたのは，1932（昭和7）年の救護法の施行にみることができる。その後，1938（昭和13）年「母子保護法」によって13歳未満の子のある母子世帯への生活費の支給，母子寮の建設などが行われてきた。この流れを基に，1947（昭和22）年の児童福祉法の制定により，「母子寮」という名称で制度化をされた。当時，戦争によって夫や家族，住む場所を失った母子世帯が多く，その対策としての大きな役割を担っていた。高度成長期に入ると，母子世帯になった理由が死別から離婚などを理由としたものへと変化をしていった。その後，1997（平成9）年の児童福祉法の改正において，現在の「母子生活支援施設」と名称が変更された。また，施設に求められる役割も，自立支援やアフターケアなどの充実と複雑化する課題を抱える利用者へ対応するように変化している。配偶者からの暴力の防止及び被害者の保護に関する法律（通称DV防止法，DV：ドメスティックバイオレンス〔配偶者間暴力〕）が2001（平成13）年に成立して以降，配偶者等からの暴力から逃れるために施設を利用する人が増えている。

(4) 今後の課題

　母子生活支援施設の今後の課題として，大きく分けて2つある。1つは，DV被害者への支援である。母子生活支援施設の利用者には多くのDV被害経験者がいる。こうした利用者に対して，施設が安全で安心して過ごせる場としての意義は大きい。そのためには，シェルター（避難する場所）機能を充実さ

せるため，建物自体を強化する必要性，日常生活や就労支援をはじめとした自立支援のためのサービス，入所者の権利擁護のサービスを充実させることなどが課題としてあげられる。また，DVは子どもへも深刻な影響を及ぼす。子どもへの心身のケアの充実も求められている。あわせて，他の機関（警察や配偶者暴力相談支援センター，福祉事務所，婦人保護施設等）との連携も重要である。

近年，障がいをもった入所者や外国籍の入所者も増えてきており，それぞれにあった個別のサービス提供の充実も求められている。

さらに母子生活支援施設の課題として，地域で暮らすひとり親家庭のための支援の拡充である。在宅支援サービスを充実させ，母子生活支援施設のもつ専門性を広く地域へ還元していくことが求められている。

（山内陽子）

■引用・参考文献

ボウルビィ著，二木武監訳（1993）『母と子のアタッチメント——心の安全基地』医歯薬出版
林　浩康（2008）『子どもと福祉　子ども・家族支援論』福村出版
『改訂・保育士養成講座』編纂委員会編（2009）『保育士養成講座　養護原理』　全国社会福祉協議会
木村裕美（2010）「情緒障害児短期治療施設の職員が出会う子どもたち」『発達』123, pp.26-32.
村井美紀他（2004）『虐待を受けた子どもへの自立支援』中央法規
青少年福祉センター編（1989）『強いられた自立』ミネルヴァ書房
社会福祉士養成講座編集委員会（2010）「非行児童・情緒障害児への支援」『新・社会福祉士養成講座　15　児童や家庭に対する支援と児童・家庭福祉制度』p.179.
山縣文治他（2009）『よくわかる養護原理』ミネルヴァ書房
山縣文治他（2009）『よくわかる子ども家庭福祉』ミネルヴァ書房
全母協特別委員会報告書（2005）『母と子の権利擁護と生活の拠点を目ざして』筒井書房
全国母子生活支援協議会（2009）「全国母子生活支援施設実態調査報告書」
全国情緒障害児短期治療施設協議会（2008）「子どもの相談・治療ハンドブック」
全国乳児福祉協議会広報・研修委員会編（2009）「新版　乳児院養育指針」

5章 施設養護の基本的な概念

1 施設養護のもつそれぞれの特徴

(1) 養護が必要となる子どもたち

　子どもが施設での養護を経験する主な原因には，2つの側面が考えられる。1つはなんらかの家庭のなかで発生した親子分離をせざるをえない状況や状態にある（たとえば，「子ども虐待」や「親の行方不明」「親の死亡」など）場合であり，さらに子ども自身のもつさまざまな状況や状態のために子どもの家庭での養育が困難となった（たとえば家庭での養育より施設での療育が必要となった「障がい児」，非行などが進み治療的なケアが必要となった，など）場合である。こうした子どもの個々のニーズに応じたさまざまな施設が用意されている。
　家庭環境上の理由から施設養護が必要な場合，乳児院や児童養護施設などの施設がある。また，母親と生活を共にしながら家族としての自立を中心とした支援を受ける母子生活支援施設も用意されている。こうした施設では，子ども虐待や保護者の心身の障がい，親の離婚や行方不明，失業や貧困，親の拘禁，またアルコールや薬物への依存症，あるいはDV，多重債務などといった，さまざまな家庭生活上の困難や諸問題を経験した後に施設入所している。
　たとえば子ども虐待を受けていた子どものことを考えてみよう。自分のもっとも親密であるはずの親から重篤な虐待を受けた場合，子どもが人間関係のも

ち方の歪みをみせたり，フラッシュバックなどのPTSD症状などをみせていたり，愛着形成不全や愛着障がいなどのさまざまな「課題」や「問題」をもっていることもある。また施設入所に至るまでの困難な家庭生活の影響から，おとなに対する不信感，あるいは自尊感情・自己肯定感をもてないまま育ってきていることも多く，こうした子どもたちへの援助・支援には子どものニーズに応じた専門的な知識にもとづいた技術が必要となる。また施設内では直接に子どもを支援する保育士や児童指導員，さらには被虐待児個別対応職員，心理療法を担当する職員，家庭支援専門相談員などのチームによって子どもの援助・支援する必要があったり，児童相談所や市町村の児童福祉主管課，主任児童委員，民生委員・児童委員，各種治療機関や訓練施設，学校，保育所や幼稚園など，必要に応じてさまざまな専門職や専門機関と連携することが求められる。さらに子どもに対する日常生活援助・支援を中心にし，日々の生活のなかでのリービングケアとしての自立支援，状況に応じて家族の再統合を目指した家庭への支援，そして退所した子どものその後の生活に関して援助・支援するアフターケアが行われている。

　また，子どもたちの状態や「課題」といったニーズによる施設養護としては，知的障害児施設や情緒障害児短期治療施設，児童自立支援施設などが子どものニーズに応じてその役割を担っている。これらの施設では，子どもの障がいや「非行」などそれぞれのニーズに応じた援助・支援が必要となり，生活支援，自立支援，家庭支援，アフターケアとともに，障がいや子どものニーズに応じた専門的知識にもとづいた専門援助技術，そしてそれぞれのニーズに応じた治療的かかわりや治療，療育などが必要である。

　しかしこうした家庭環境上の「問題」と子どものもつニーズに応じた「課題」「問題」は重複している場合も多い。たとえば児童養護施設においても，家庭環境上の「課題」「問題」といったニーズとともに，知的障がいをもつ子どもが養育されていることもあり，知的障害児施設においても，虐待を受けたことによって知的障がいを負った子どもが知的障がいとともに養育環境上のニーズから養育されていることもある。また，子どもに非行傾向がある一方で，

保護者に障がいがあったり，身体的虐待や性的虐待，心理的虐待，ネグレクトのために児童自立支援施設で養育されているといったケースもあり，子どもや家庭における「課題」や「問題」，ニーズは単一のものだけではなく，複合して現れることが多くみられる。

(2) 施設で暮らす子どもの生活状況や状態

　施設養護は，同じ種別の施設でも，その形態や生活のありようなどが独自性をもっていることが多い。そのため施設によって，子どもの生活の内容などについても多種多様に営まれている。

　児童養護施設を例にとってみよう。施設によって定員による規模はさまざまであり，施設の形態としても大舎制，中舎制，小舎制やユニットケアなどがあり，そのうえで地域小規模児童養護施設が営まれていたり，小規模グループケアや分園型自活訓練事業を行っているなど，施設ごとの特性によって大きく異なっている。また同じ大舎制でも，その生活グループは男女別縦割り制であったり，男女別横割り制であったり，幼児だけのグループがあったり，きょうだいは一定の年齢まで男女同室だったり，完全個室制であったりというように，生活グループの分け方も施設によって異なっている。

　こうしたグループ編成については，施設がもっている建物の構造などの設備上の理由や養護に対する考え方に左右される。

　そして，グループに対する養護のなかでは，まず個々の子どものニーズに応じた支援と集団に対しての支援としての働きかけがともに展開されている。

　また，施設で暮らす子どもたちの生活は，メンバーの構成が非常に流動的になりやすいこともある。それは子どもの入・退所による「入れ替わり」があったり，「ショートステイ」や「トワイライトステイ」といった地域のニーズに即して措置以外の子どもを受け入れている施設もあり，あるいは施設によっては年度ごとなど定期的に，あるいは不定期に生活グループの編成を変えることがある。そして，グループに配置される職員についても，職員の就職や退職によって，あるいは定期的に担当替えなどが行われることもある。さらに施設で

の日々の生活では、職員が交代制勤務であったり（断続勤務を行っていても休みの確保は当然行われる）、住込み制の施設であっても週休確保のため、常時同じ職員がいて、家庭のように同じ養育者が子どもと常にかかわりをもっているわけではない。また施設には実習生やボランティアが来園したり、見学者や地域の人々が訪問することもあることから、子どもの生活環境にはさまざまな人が介在することが考えられ、ときには落ち着いた固有の適切な人間関係を結ぶことが難しいこともある。

　さらに、子どもの日常の生活を支える掃除や洗濯、炊事などの家事を中心とする日常生活援助・支援の内容それ自体について、子どもの自立を見据えたうえで実践されていることも施設養護における生活の特徴である。中学生になったら自分の下着などの洗濯は自分でするようにする、小学生になって段階的に自分の食器は自分で洗ったり、当番制にしたり、掃除も１人ひとりの子どもに担当箇所を決めている、というように日常生活上の役割分担や当番制などをして、決まりごとを設けている施設が多い。こうした「決まりごと」は本当に必要なのだろうか。なぜ「中学生になったら、一律に洗濯をする」のだろうか。「子どもの将来に合わせ日常生活のなかで毎日練習をしているという意味がある」という意見もあるが、本当にそれらは子どもにとって必要なことなのだろうか。

　たとえば施設で生活している子どもの多くは、前述したように「施設で暮らさざるをえない」大きな「困難」を抱えている。そうした子どもたちの生活支援についてまず基本となることは、「これまでやってもらえなかったこと」を「やってもらえる経験をする」ことを通して、自分が大切にされている実感を引き出すことから始める必要がある。そのうえで、周囲のことに関心がもてるように、一緒に日常生活のさまざまな内容に取り組み、自分でできることを少しずつ増やしていくプロセスをふんで援助・支援することが必要ではないだろうか。

　確かに施設養護の場面は規模等による差異はあっても、「集団生活の場」であることは確かである。そこではある種の集団を維持するための決まりごとが

出てくることがある。しかし，どこで暮らすにしろ子どもには「大切にされているという実感」が不可欠である。「規則」や「決まりごと」はやらなければいけないと決められているからするのであれば，「規則正しい」生活の営みというより子どもがすべきことを行っているかを確認することが目的の「規則に正しい」ものでしかない。なぜこの子どもが今それをしなければならないかの根拠をきちんと伝えることが，日常生活に関する援助・支援の前提として必要である。一般家庭の子どもの多くが毎日決められた分担場所の掃除をするのだろうか？ 小学生になったから食器洗いをしているだろうか？

　洗濯にしてもそうであろう。洗濯機で洗濯をし，適切な形で干し，ブラウスなどにアイロンをかけられて，適当なところに洗濯物をしまうなどといった一連のことは，確かに自立をするうえで必要なことである。しかし，こうしたことは一律で中学校になったら始めなければ身に付かないことだろうか。強制することより，やってもらえる経験を通して，自分の力で自分のことをしたいという気持ちを育むことが必要ではないだろうか。

　その他，生活のなかに日課が設定されていたり，さまざまな施設独自の行事があることも，施設養護の子どもの生活における特徴である。ただし子どもの主体性を育むためにあえて細かな日課を設けていない施設もあるが，施設の養育環境としての設備や職員の勤務体制，子どもたちに規則正しい生活を提供することを目的として，日課を設けている施設も多い。また，野球，サッカーなどのスポーツ観戦，映画鑑賞や遊園地への招待や，施設毎のキャンプやクリスマス会などといった行事を行っていることが多い。

(3) 子どもの家庭とのかかわり

　施設養護における養育者・援助者の役割は，親にとって代わることではなく，子どもの日常的なケアを基盤として，子どもと家庭とのつなぎ役を行うことが求められる。子どもへの支援には，子どもにとってもっとも大切な存在であることが多い家庭との関係調整は欠かせない。このため，援助者は子どもと親の支援者として，双方にかかわりながら両者の関係をより良く発展していくよう

に，とくにそれまでの家庭生活のなかで歪んだり，ねじれている部分を回復できるように支援するのである。

家庭によっては，子どもの養育環境としてふさわしくない家庭も存在する。しかし，たとえば子どもへの虐待があった家庭についても，子どもにとってもっとも何が大切かを常に念頭に置き，家庭に対して非難することなく，かかわっていくのである。家庭のかかえるさまざまな問題が複雑にからみあって，虐待という形であらわれ，虐待するつもりなどまるでなかったという場合もある。また，虐待を受けてきていても，「お父さん・お母さんがいつか優しくなってくれたらいいな」「お父さん・お母さん大好き」と思っている子どもも少なくはない。このため，問題状況にいたった経緯を丁寧に把握し，絡み合っている「関係」を子どもや家庭とともに解きほぐしていくことが，子どもと家庭へのかかわりとして重要である。現在は家庭支援専門相談員が配置されていることが多くなってきている。家庭との関係調整のため，保育士や児童指導員などと協働していくことが求められる。

2 養育の「あり方」の変遷

（1）「家庭的な養護」と施設の小規模化，地域化

施設における「小規模化・地域化」の流れは，全国児童養護施設協議会から「児童養護施設の近未来像　part Ⅱ」が刊行されたことをきっかけに本格化した。個別化や地域化，そして自立支援を含めた施設養護に対する国の制度として早期のものは，施設分園型自活訓練事業（通称：自活訓練ホーム）であり，2000年度からは地域小規模児童養護施設が始まり，さらに2004年度から小規模グループケアが児童養護施設で始められたが，その後乳児院などの施設にもひろがった。さらに2009年度からは「小規模住居型児童養育事業（通称：ファミリーホーム）」もはじめられた。このように，ケア単位の小規模化が推進され，施設養護での手厚い養育の大切さへの理解が拡がってきている。しかし，

単に形態を小規模化すればすべてがうまくいくとはいえず、小規模グループ内で何かしらの問題が生じた場合、本体施設からの援助なしに単独で養護を行う場合、職員の負担と責任は大変高くなる。また小規模化が進めば、子どもとかかわる職員は勤務の都合上食事の準備をはじめとして、子どもへのさまざまなかかわりを1人で行う時間が長くなりやすく、職員の心身の疲労が増しやすい。いずれにせよどういった施設の形態であっても、日々の子どもへの援助・支援の内容は子どもにとって最善の利益が図られることが基本にあり、職員にとっても自分の力を発揮しやすい体制を施設総体として共有化していくことが望まれている。

(2) 新たなニーズへの対応を目指して

生活グループを小規模化する方向性とともに、重篤な子ども虐待を経験してきた子どもや自分の実家庭との関係が希薄化している子どもなどには、親密な人間関係のなかで、一般家庭の地域生活にできる限り近い生活を提供する「地域化」を推進することも大切である。2000年に開始された地域小規模児童養護施設では、小規模なホーム（一戸建ての住宅）の生活が地域のなかで営まれ、地域の一般家庭と同様に、新聞が郵便受けに配達され、町内会の回覧板が回ってくる、表札が地域の一般家庭にとけ込むものになっている、地域の子ども会活動に参加する、近隣の人に気軽に挨拶するなど、その1つひとつは小さなことのようにみえるが、施設という同一敷地内で多数の子どもたちと生活していた子どもにとっては非常に大きな意味をもつ変化である。こうしたホームでの生活によって、子どもが友人と家の行き来をすることが増えたり、地域との関係が綿密にまた深いものとなり、子どもにとって本来的な意味で生活の場所としての「うち」に近い場・環境と雰囲気を感じられるようになる。

さらに新たなニーズとしては、子どものかかえる「問題」「課題」が深刻化・複雑化し、発達障がいをもつ子どもなどの入所も増え、治療的なかかわりを養育のなかで提供することや、必要に応じて医療機関などでの治療が大切なこともある。施設内では心理療法担当職員と連携して子どもの「課題」や「問

題」を整理し，子どもの日々の生活の場である施設環境を，いかに治療的な環境にしていくのかという重要な働きかけを日々の生活援助・支援のなかで養護職員が積極的に行うことが求められている。

　さらに，家庭支援専門相談員とともに生活援助・支援に携わる職員，さらには子どものケースを担当する児童相談所，児童福祉司などと緊密に連携しながら，子どもの家庭へのかかわりも行っている。「子どもを施設には入所させたくなかった」「自分の子どもへのかかわりは間違っていない」などというように，施設入所に「しぶしぶ」同意したが，少なからず否定的感情をもっている保護者，あるいは子どもや自分自身の生活を維持していくことができない心身の状態の保護者もいる。どのようなニーズをもち，またどのような状況にある保護者に対しても，子どもだけでなく親への援助・支援を行いながら，親とともに子どもを養育していく意識を忘れない姿勢をもって親とかかわることが重要となっている。

　こうした専門的な知識に裏付けられた専門技術を駆使して子どもとかかわりが求められる職員が，より専門性を高められるような職場環境も重要である。職場内外での研修，スーパーヴィジョン，コンサルテーションなどさまざまな機会をとおして，新人からベテランまでの各段階の職員が子どもとその家族を支えられる専門性を身につけて行けるようにしていくことが求められている。

3　施設での養育とは

(1) 施設での養育の基本的な考え方
　　　　　　──施設養護は，子どもの心の「居場所」となっているのか？

　児童養護施設などの居住型児童福祉施設はいうまでもなく，子どもにとっては実家庭に代わる「生活の場」である。そして同時に考えなければならないことは，この施設という「生活の場」には「来たくて来た子どもはほとんどいない」現実がある。反対に子どもの「生活の場」で働く職員は，ここで子どもと

かかわる仕事をしたいと自己決定して，子どもの「生活の場」に来たのであり，このことからも子どもと養護職員の立場は全く異なる。

　さらにいえば，施設は子どもが主人公（主体者）として子どもを中心にした生活を営む場であることを，職員1人ひとりが十分わきまえなければならない。そのため，子どもの生活が「子どもの最善の利益」を守るようになっているのかを，振り返りながら修正していくことが求められる。たとえば，日課について考えてみよう。施設での食事の時間が午後6時だとする。これは，子どもの生活を保障するために設定されているものなのだろうか。職員や栄養士，調理員などの職員の勤務の都合から設定された日課ではないだろうか。子どもの側の視点に立った養育ができているのかどうか，職員の実践をその点から振り返ることがとても重要である。

　さらにここで子どもの「生活の場」ということから，本当に施設が子どもに「居場所」「心の安全基地」となる生活の場を提供しているのかについての振り返ることも必要である。

　施設の目的として「退所した者の自立支援」を行うことが求められているが，本当にそうした機能を施設は果たせているだろうか。私事ではあるが，私は高校が終わるまでいた実家に年に2回程度帰省している。そこには高齢者となった父母が生活している。すでに私が高校生まで使っていた部屋はその面影もないが，実家に帰るときに私の口から出る最初の言葉は「ただいま！」であり，親の言葉は「おかえり！」である。では施設はそうなっているだろうか。つまり，施設を訪れるときに，「ただいま！」と退所した人たちが帰って来ることができ，職員は「おかえり！」と温かく迎え入れることができるだろうか。つまり，「ただいま」「おかえり」といつまでもいえる場所とは自分にとって特別の「居場所」であり，「心の安全基地」である。子どもにとって生活の場である居住型児童福祉施設が，本当に子どもにとっての「居場所」をつくっていく作業ができていれば，実家に帰る人たちのように，「施設＝戻ってくることができる場」「職員＝帰って来ることができる場を作ってくれた人」になることができるのではないか。

5章　施設養護の基本的な概念

(2) 施設養護の意義と目的——子どもの自立支援と権利・人権擁護を中心に

前述したように施設の役割として、それぞれの子どもに「心の安全基地」「居場所」「(困ったときに) 帰って来ることができる場所」となっているのかが重要である。しかし、残念なことに、多くの施設はそれには至ってはいないことが多く、そうした環境であろうとは考えられてはいない異なった考え方がいまだに一般的である。

つまり、居住型児童福祉施設は確かに実家庭を代替する子どもの「生活の場」であるとともに、さまざまなケアの局面やプロセスをもつ。入所前のアドミッション・ケア（施設での生活の前の情報の提供や施設に慣れるためのケア）から始まり、入所によってインケア（施設内での養育）が始まり、さらに広い意味からのリービングケア（将来の自立に向けた援助・支援、年齢や発達段階に応じてさまざまな養護内容が子どもに提供される）が行われ、必要に応じて心理・治療的ケア、療育、治療が行われることで「回復」を目指し、施設退所後にはアフターケア（退所後の相談援助やさまざまな自立に向けた支援）が行われる。

子どもの自立を図ること（ただし、わが国では「ひきこもり」「とじこもり」をしている人は数十万人いるとされるが）は一般的なことである。とくに施設で生活している子どもは、①家庭に帰るか、それとも帰れない（帰せない）か、②高校に進学できるのか、それとも中卒で就職するのか、③高校を継続できるのか、それとも中退するか、④高校を継続して18歳の時点で就職するのか、それとも進学するのか、⑤20歳まで措置の延長が可能かどうか、というように、それぞれの状況や段階で子どもの暮らしと「自立」の始まりが決められていく。

児童福祉施設では「自立」「独立自活」に向けた援助・支援が行われるが、人間の自立を年齢で区切ることは難しい。今日の施設養護で強調されていることは、子どもに対する権利・人権擁護にもとづいた養護内容の確保、さらに適切な自立に向けた援助・支援としてのリービングケアである。

確かにこうした事柄は、子どもの養護にあたっては重要である。しかし、法律上、自立支援は施設退所後も続くはずだが、2008年にNPO法人ブリッジ・

フォー・スマイルが全国の児童養護施設長に行った調査（斎藤，2008）で，全児童養護施設に過去3年間の退所した子どもについての調査を行った。

　この調査から，3年前の退所児は76％が把握されているにすぎず約4分の1の所在が不明であり，2年前，1年前の退所児はそれぞれ80％を若干超えており，約5分の1の所在が不明となっている。先ほど述べたように，これは「アフターケアに力を入れている」と予測される施設の回答結果であり，全施設で考えた場合には大幅に所在不明の子どもの実数は増えるだろう。施設退所後3年後に所在の把握できている退所児は半数程度に過ぎないことが一般的であるという養護関係者の声も多い。

　とすれば，たかだか退所後3年間で所在を把握できなくなる退所者は一体どこに「消えてしまう」のか。その子どもにとっては，過去生活していた施設は自分にとっての「自立」を助ける「資源」とはならなかったのである。これが，さらに時間を経過していくと，施設と子どもとのつながりはさらに希薄化し，自分を支える資源や環境がただでさえ少ない施設退所者にとって，過酷な境遇が待ち受けていることは少なくない。

　そうしたことから，自立支援とはリービングケアにとどまることなく，施設退所後の生活のなかで他者との関係を大切にしながら，困ったときには依存し，余裕があれば人を助けられる相互の関係を大切にした視点から養護を行うことが，「1人ひとりの子どもを大切にする」権利・人権擁護に通じることになる。

（3）子どもにとって安全で安心できる養育環境とは

　子どもにとって安全で安心できる養育環境とは，子どもが自由に自分の意見を言え，また子ども間のいじめや脅しがない状態だけではない。実際の生活環境自体も，明るく豊かなものを子どもに提供することを目指すことが大切である。ふつうの家庭と同様に，日常における当たり前のものやことをごく自然に，居心地がよいように提供することによって，子どもが安全で安心できる生活環境をつくることが求められている。こうしたことは，施設の設備などが新しいか古いかというより，たとえば壊れた場合にはすぐに修繕し，清潔な生活環境

が保たれ，近隣の一般家庭と量的・質的にほぼ同等な衣・食・住環境などを提供することが大切である。また，子どもが1人になりたいとき，プライバシーを保つことのできるスペースの確保も重要である。施設内での子ども間の暴言や威圧，性的な「問題」，さらに絶対あってはならないこととして入所している施設での「被措置児童虐待」などがある場合には，速やかに対応しなければならない。

また，子どもが自分だけのものをもつことも大切である。自分だけが使うお茶碗，お椀，箸，湯のみなどの食器が常に用意され，自分だけの衣類，布団やベッド，学習机，書棚，整理棚，洋服箪笥などの家具があり，また自分の好きなものを壁などに装飾できることなど，自分だけのものがあり，自分の居場所をつくる（「ここがあなたの生活の場所なんだ」「ここにいて自由にしていていいんだ」「あなたにここにいてほしいんだ」ということを，言葉や振る舞いだけではなく，その子どもの固有のものがあることでも示す）ことも重要である。

(4) 保護者とつくる養育

施設に入所しているほとんどの子どもには保護者がいる現状があり，子どもの家庭・家族とのかかわりは欠かせない。なかには，誰もが驚愕するような不適切な養育をしていたり，子どもとの約束が果たされなかったり，実際とは異なるよいことばかりを子どもに伝えたり，これまで定期的な面会等があったのに突然連絡が取れなくなったり，職員との話を避けたり，職員に暴言（ときに暴力的な振る舞い）を投げかけたりなど，かかわりが難しい保護者も見られる。しかし，どんな保護者であっても，子どもにとっては代えがたい親である。子どもは親に対する憧憬，否定的な感情などのアンビバレントな，複雑な感情を抱き，さまざまな葛藤を抱きながら，施設での生活を送っている。入所中家庭との交流ができる子どももいるため，そうした子どもの心の葛藤について職員は子どもから丁寧に聴き，共感しなければ，子どもの本当の望みや言いたいことを理解することはできない。ときには子どもの心情を代弁することも求められる。さまざまな「悲運」ともいうべき悪条件が重なったため，子どもと分離

せざるをえなかった保護者は，たとえ表面上どのように見えようとも，実際には尊厳をもっている1人の人間である。

(5) 施設養護の支援者の拡大と施設養護

　施設養護に対する中心的支援者は，まず児童相談所の職員である。今日とくに虐待ケースの増加により児童相談所の相談援助業務は飽和状態であり，個々の子どものケースにあまり時間が割けない現状もあるだろう。しかし，子どもの措置や措置停止・解除などの決定や，子どもと家族との交流方法などを最終的に決定するなど，子どもの生活の質や内容を左右する大きな権限を児童相談所は担っており，子どもや職員にとっての重要な支援者としてまず先に協働することが求められる。

　また，施設養護の直接的，間接的な援助・支援者として欠かすことができないのが，職場内でともに働く園長，事務員，児童指導員や保育士，家庭支援専門相談員，心理療法担当職員，栄養士や調理員など全職員である。子どもへの支援は職員，子どもの担当職員だけで行っているのではない。施設養護の現場で協働し合う皆がそれぞれ違った役割を担い，違った立場でも連携して知恵を出し合い，創意工夫をすることで，子どもの生活に楽しさや豊かさを生み出すことができる。職員が子どもの意見を聞き，栄養士や調理員がメニューに細やかな子どもの希望を取り入れることでさえ，子どもによっては大きな喜びである。また，施設内外のスーパーヴィジョンとしては，通常のスーパーヴィジョンと同様に管理的・教育的・支持的機能があるが，職員のバーンアウト（燃え尽き症候群）を防いだり，職員の意欲や意識の向上を図るために，とくに教育的・支持的スーパーヴィジョンへの配慮が必要である。

　地域の人々，幼稚園や学校の先生，友達や友達の家庭の人々なども施設養護にある子どもにとって大きな資源ともなりえる。たとえば，子どもが施設外にいるとき，子どもの微妙な変化や子どもの成長した様子について教えてもらえる。学習，遊び，生活，外出，裁縫，習い事，寄付や行事など，子どもにかかわるさまざまなボランティアの存在も大きい。「施設にいるからできない」で

はなく,「施設だからこそできる」といった経験をさせてくれるボランティアの存在は子どもを大きく育ててくれる。

また,子どもが以前生活していた乳児院などの出身施設の職員も,子どもが自分のルーツや育ちを確認するうえで非常に重要な意味をもっている。また年間を通して受け入れる実習生についても,将来施設の職員となる可能性を秘めた人たちであり,子どもに懸命にかかわるその姿によって,子どもの良きモデルとなる場合もある。

4 施設養育の今後の課題

(1) 子どもにとって居心地の良い空間づくり

子どもにとって居心地の良い空間とは,まず,子ども自身が自由に自分の思っていることを語ることができ,自分のしたいことに挑戦できること,そして,将来に向けた希望をもつことができることなどであろう。このためにも,子ども間の暴力や暴言,いじめに十分注意し,自由度が乏しい管理的な雰囲気や状態であることはあってはならない。また,子どもがこれまでの生活のなかで経験した「葛藤」状況や個々に抱える「課題」の程度や深さによっては,今行っている援助や支援が子どもの心の奥底に到達するまでには,数年,数十年単位での長い時間が必要なこともあり,子ども自身の変化を待つことも必要である。

(2) 職員へのサポートの重要性

子どもへの生活支援は,大きなやりがいのある一方,心身ともに疲労困憊することのある仕事でもある。そのため,まず職員の心身の健康を保つための組織体制づくりが必要である。職員が1人で抱え込まずに皆で取り組む「施設ぐるみの福祉活動」を行い,困ったときにも相談しやすい職場環境,研修やスーパーヴィジョンを積極的に行うことが大切である。日々の子どもの援助や支援

の内容には，家事や育児にかかわる事柄が多く含まれているため，専門的知識や技術をもたないままに養護を行った場合には，自分の主観や自分の育ちによるかかわりに影響され，その範囲での限られた理解に終始してしまう場合がある。専門家として，たとえ方法やそのプロセスが異なっていても，目標は同じといった一貫したかかわりを連携して維持していくことが必要である。

　また施設養護では，さまざまな記録や書類を記入し，まとめなければならない。さらには施設や学校の役職や行事の準備もしなければならないなど，日々の子どもの生活援助や支援などに追われる職員は，時間外の「サービス」勤務やときには休日出勤をしなければならない。さらに，自分の家庭と仕事との板挟みから，結婚や出産を契機に退職するケースも少なくはない。このように，いまだに低い職員配置基準の改正も含め，多様なライフステージにいる職員が働きやすい雇用形態を実現するために，国，都道府県，そして各施設が早急に抜本的な改善を図る必要があるだろう。

(3) 高い専門性をつけるために

　日々子どもやその家庭を支援する職員がかかわるケースは，どれも深刻かつ複雑なものであることが多い。また，地域からの援助や支援を積極的に活用し，同時に施設が地域における総合的な福祉センターとしての役割を担う体制をもつことも求められており，一般家庭の子育てについてもそれを支える機能を担っていくことが求められている。さらに，保育実習や社会福祉士実習，介護等体験実習などでの施設で暮らす子どもたちとのかかわりの経験を通して，将来の施設養護を担う人材を育てる役割も施設にはある。こうした幅広い専門性を身につけるためには，勤務に融通を持たせて，職場内外での研修に参加できる体制，それを共有するシステム，スーパーヴィジョンを活用して自身の実践を検討する機会を積極的にもつことが求められる。

（鈴木　力・谷口純世）

■引用・参考文献

斎藤嘉孝（2008）「児童養護施設退所者へのアフターケアの実践――全国施設長調査の結果をめぐる考察」『西武文理大学サービス経営学部紀要』13，pp.49-54.

Ⅱ部 施設における養育の実際

6章 施設入所までの支援・自立支援計画

1 施設入所までの支援

（1）入所についての相談

　施設は，児童相談所などの措置機関から子どもの入所措置についての相談があった場合には，児童福祉法第46条の2の規定により，正当な理由がない限り，拒んではならないことになっている。

　しかしながら，子どもに対して施設ケアの措置を講ずることは，その子どもが家庭，学校，地域といった今まで慣れ親しんだ生活環境からの分離を意味しており，子どもの心身への影響は計り知れないといっても過言ではない。したがって，児童相談所から子どもの入所についての打診があった場合には，入所担当職員は，施設ケアがその子どもにとって最善の利益に結びつく対応なのか，ソーシャルワーク的な観点等から，児童相談所と相互に情報交換をしながら検討することが大切である。

　また，入所について相談があったケースについては，組織的に協議することが必要であり，そのためのケース情報について，児童相談所などの機関から提供してもらうことを依頼する。

（2）入所受け入れ協議

施設は，児童相談所から送付されてきた打診ケース資料を基に，子どもの入所の受け入れの可否について協議したうえで，基本的には法にもとづき承認することになる。ただし，送付資料により伝染性疾患等の「正当な理由」があると判断した場合には，児童相談所と協議のうえ，その子どもおよび入所している子どもの最善の利益の観点から，入所を延期するまたは承認しない場合がある。

（3）入所前の受け入れ準備

①子どもの居住場所への訪問および面談　子どもの受け入れ準備をするうえで，もっとも重要な課題は，子どもに対する理解であり，施設に入所して生活することへの安心感を子どもに与えることである。

したがって，施設職員は，可能な限り，一時保護所など入所予定の子どもが現在生活している場所に訪問して，子どもの生活の様子を観察することと共に，子どもと面談して，子どもの質問への適切な回答などを通して交流を深めながら，生活するうえでの心配な点などを取り除くことや一緒に生活をすることを楽しみにしている思いなどを伝えるように努めることが大切である。

②入所予定の子どもや保護者の施設見学　また，百聞は一見にしかずといわれているように，施設職員が訪問して説明することと共に，子どもや保護者に施設を来訪してもらい，実際の施設生活状況の説明や見学を通して，施設生活についての理解を深め，安心感などを抱いて貰うことも大切である。

③入所予定の子どもの受け入れ環境の調整　産みの親やその家族は，産まれてくる赤ちゃんが健やかに育つために，安心して気持ちよく過ごせる住環境（空間づくり），未熟な体温調節のための衣類，授乳用品，沐浴・衛生用品などを，熟慮しながら準備をする。この親や家族の愛情こそが子どもを迎えるのにもっとも大切な準備である。

施設，職員及び入所中の子どもにおいても，「赤ちゃんがこの世に産まれて

きてよかった」と感じることと同様に,「新入所児がこの施設に入所してきてよかった」と感じることができるように,心のこもった準備をして,新入所児を迎えることが大切である。入所して来る新入所児との出会いを楽しみにしながら,清潔な衣類・寝具,文房具などの持ち物に名前をつける,あるいは部屋をきれいにして待つといった姿勢が必要である。とくにその新入所児がともに生活する職員や仲間の迎え入れるための心の準備が重要である。新入所児は,施設で安心して安定した生活が送れるのか大きな不安を抱いて入所してくる。その不安を取り除くのは一緒に生活する職員や仲間の受け入れである。新入所児をみんなで受け入れることがその不安を軽減することに深く結びついている。したがって,施設や職員は新入所児を迎え入れるための入所予定の子どもの受け入れ環境を整えておくことが重要なのである。

④入所に必要な書類の依頼　入所に際しては,措置決定通知書など児童相談所関係書類や在学証明書などの学校関係書類などが必要であり,入所に必要な書類について児童相談所などに依頼しておくことが必要である。

(4) 入所時の対応

かけがえのない1人の子どもの入所は,施設,職員にとってみれば,出会いに対する大きな喜びや期待感とともに,初めてのふれあいに対する繊細な心配りが必要な場面でもある。

一方,入所してくる子どもにとってみれば,施設に入所することはかつて経験したことのない重大な出来事であり,施設生活に対して子どもが抱く分離・見捨てられ・見通しがもてない不安感などは計り知れないものがある。また,わが子を施設に入所させざるをえなかった保護者にしても,入所場面においては,平静な態度で臨むことができずに,心理的な葛藤とスティグマを抱えている場合がほとんどであろう。

したがって,入所する子どもや保護者に対して,施設全体で歓迎の意を表し,施設生活に対する安心感・安全感などを生起させるように接しなければならない。そのためにも,最初に行うオリエンテーションは,温かな雰囲気のある部

屋や担当職員の温かなまなざしのなかで，緊張感を解きほぐすように行われることが大切である。

また，新入所児にとっては，一緒に生活をする仲間から受け入れてもらえるか否かがきわめて重要な点の1つであり，相互にうち解けあえるように配慮ある調整が必要である。

2 自立支援計画

児童養護施設などの児童福祉施設には，児童福祉施設最低基準で自立支援計画の策定が義務づけられている。

子どもの適切な自立支援を実施するためには，個々の子どもの心身の発達状況やニーズおよびその置かれている養育環境を的確にアセスメント（実態把握・評価）し，それにもとづいて自立支援計画を立てることが必要である。

(1) アセスメント

①ケースについてのアセスメントとは　　施設におけるケースについてのアセスメントとは，子どもの自立を支援するために，個々の子どもの個的全体性やその子どもに影響を及ぼす養育環境に焦点をあて，その子どもの自立を図るために必要となる正確な情報を多角的，継続的，重層的に収集，分析して，子ども自身や取り巻く環境に関して総合的に的確に把握することである。

そのためにも，また，子どもの権利を擁護し，的確でタイミングよくアセスメントを実施するためにも，当事者である子どもや保護者および関係者の参加は大切であり，必要に応じてアセスメント会議に出席をさせることが望ましい。子どもや家族と支援者とが協議するアセスメント会議は，パートナーシップを形成する協働場面である。

②アセスメントの内容　　本来，子どもは，家庭（養育者）や地域などとの相互交流を通して，冬から三寒四温の過程を経て春を迎えることと同じように，つまずいたり成功したりしながら螺旋階段を上るように健やかに成長・発達し

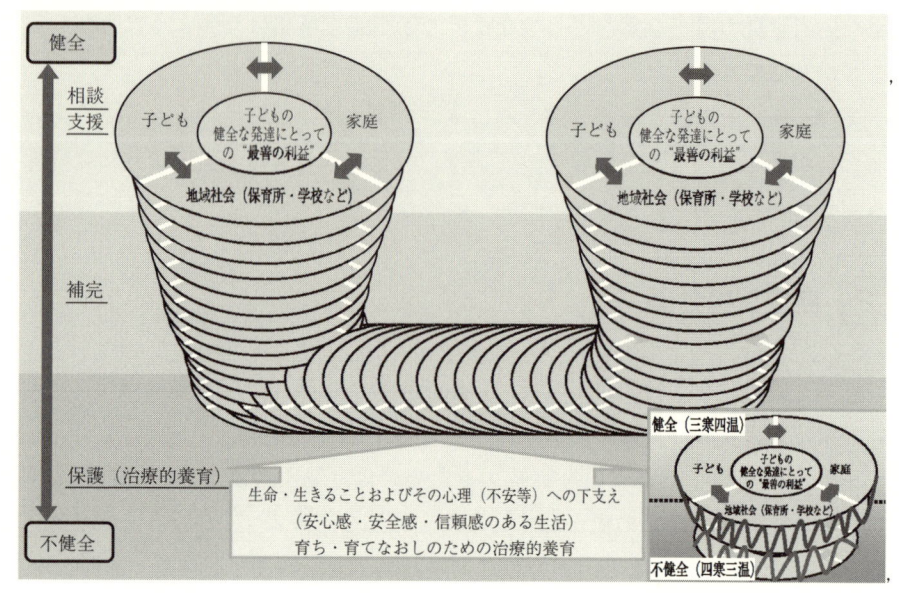

図6-1　社会的養護を必要とする子どもの回復・成長過程
　　　——不健全な方向（螺旋）への発達から健全な方向への発達へ

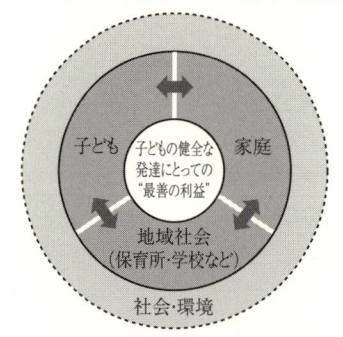

子どもの健全な発達のための基本的構造

子どもの健全な発達のための基本的構造を
アセスメントするための視点（側面）

　　　　　は，年齢や機能（力）などの関係で動く。

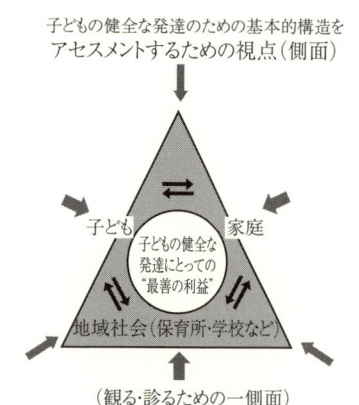

図6-2　子どもの健全な発達のための実態把握・評価（アセスメント）に関して

出典：児童自立支援計画研究会編（2005）『子ども・家族への支援計画を立てるために——子ども自立支援計画ガイドライン——』日本児童福祉協会，p.19.

いく。しかしながら、虐待などの不適切な養育環境のなかで育ち社会的養護を必要としている子どもは、図6-1のように、四寒三温のような過程を経て、螺旋階段を下るように不健全な方向に向かって発達していく。

したがって、効果的なアセスメントを行うためには、少なくとも図6-2で示すとおり、「子どもに関する側面」「家庭に関する側面」「地域社会に関する側面」の3つの側面およびその関係性などについて調査した情報を基にして、その子どもの健全な発達にとっての最善の利益について、総合的に分析・検討することが重要である。

(2) ケース概要票の作成とケース検討会議

また、施設は、総合的なアセスメントを行うために、児童相談所、保健所、保健センター、出身学校や幼稚園や保育所などからの情報とともに子どもや保護者との面接などから得られた情報から、表6-1のようなケース概要票を作成することが望ましい。その際に不足している情報がある場合には、関係機関などから収集して作成する。

この概要票や児童相談所からのケース情報などを参考にして、ケース検討会議を実施して、自立支援計画を策定するためのケースの強みや問題性などについて分析検討し、総合的なアセスメントを行う。

(3) 自立支援計画の策定

施設では、総合的なアセスメント結果などを基にして、自立支援計画を策定することになる。

①自立支援計画の目的　自立支援計画の目的は、総合的なアセスメントにもとづき、個々の子どもの自立支援における優先的に到達すべきわかりやすい具体的な目標を示し、その子どものニーズにマッチした適切な保護・支援を提供していくための方法などが盛り込まれたプランを提示し、1人ひとりの子どものニーズに対応した自立支援を推進することにある。

②自立支援計画の策定過程とその展開　自立支援計画の策定過程とその展

表6-1 児童福祉施設におけるケース概要票（記入例）

子ども氏名　未来　幸太　　生年月日　　　　　住所　S市　　入所年月日
保護者氏名　未来　良　　　措置児童相談所　△△児童相談所　　作成者氏名　　　作成年月日
主訴　虐待

年齢	子ども自身	家庭生活（家族）	地域社会（学校など）	既往歴・特記事項	家族関係
0歳	望まない妊娠 第1子長男	子どもがっかりで結婚	新興住宅地 人間関係希薄		■―11　○―8 ｜　　　｜ □―○（短大卒） 42　31 （大卒）
1歳	保育所入所	母親職場復帰	保育所の指示で毎日 弁当を持参 母親との関係良好	アレルギー 小児病院への通院 食事指導	父―自営業の一人っ子であり、結婚前の31歳まで実家で生活していた。社会経験は乏しく、仕事が生き甲斐だという。そのため育児や家事には非協力的。しかし子どもとは好きで本児と遊び関係は良好。現在の職業についてはまだ事務職、子どもの問題については解決したいと考えるものの、現在単身赴任中で実行できない状況の、健康面は良好。
2歳	なかなか他児と遊べず		保育所に相談		
3歳	退行現象が見られる （食事を食べない）	妹が生まれる 母親による虐待が始まる			母―会社員の一人娘である。父とは20歳で結婚。結婚後は若いながらも、家庭を切り盛りしていたが子育てについての技術がなく付き合いのある人がいなく相談する人がいないこともあり、ストレスが溜まったという。そのために子どもの問題に対しては、力によって対応してしまうという。夫婦間のコミュニケーションはあまりなく、健康面は身体的には良好であるが精神的にはストレスフルな状態
4歳	保育所退所	母親職場退職			
5歳					
6歳	小学校入学 楽しんで登校		ベテランの女性教諭が担当となり本児への配慮あり		妹―現在小学校3年生。学校生活にも適応しており、現在は問題は見られない。本児とは親和的である。但し母親に対しては気を遣って生活している。
7歳	少年野球チームに入る				経済状況：年収500万円程度　借金なし 住環境：広さはあるものの清潔感に欠ける 家族の凝集性：まとまりに欠けている面あり リーダーシップ：父親か母親にあるか曖昧
8歳	持ち出しが始まる	配置換えにより父親の帰りが遅くなる			
9歳	家出が始まる	母親は食事を抜いたり、玄関で深夜まで立たされたりした			
10歳	学校でいじめを受ける				社会参加度：孤立気味 出自家族との関係性：疎遠になっている 本児の問題改善：望んでもあり、協力的
11歳	家出がくりかえされるようになる、万引きをして警察に補導される（保護者引取） 施設入所	父親が単身赴任となり、この頃から母親の虐待がひどくなる	本児の顔面などにアザなどがあると学校から通告があり一時保護		実母：虐待を認めているものの治療意欲はまだない

	子どもの心身状況など（心身の健康状況、自己、関係性、コミュニケーション、情緒的発達、認知的発達、問題解決能力、日常生活動作能力、性格）		地域社会（社会資源）
12歳			最近住宅地として急激な発展を見せている地域であり、従来からの住民と転入者の間で子育て関係の資源は生まれてはいるが、地域で活用できる子育て関係の資源は多いとはいえない。転入者に対する受け入れはあまり好意的ではない。日頃からの交流に乏しく共に助け合える関係はできていない。この家族に対する支援可能な近隣住民以外への支援に関しては、校長を中心にしては活用できる。子育てに関連しては、社会資源としては活用できる。子育て支援家庭訪問事業や地域子育て支援センター事業などがある。
13歳			
14歳			
15歳			
16歳			
17歳			
18歳			

総合所見

児童は、妹ますに生まれてくるまでの3歳までは両親の適切なかかわりによって育てられているものの、小学校入学後は一時減少していた本児の行動上の問題が出始めたところから再び始まっている。本児の行動上の問題が増えるにつれてエスカレートしていっている。妹による本児への虐待による影響が強い。身体的に自立が始まってられる。現在思春期スパートが始まっている。運動が好きで特に野球などは技能を習得している。万引きなどの反社会的行動傾向が見られるものの、手口などの技術面から判断してもトレドニー症状が見られる。乳幼児製品へのアレルギー体質であるが、手口などの技術面から判断しても中度の段階である。自分の気持ちを表現しても他者とのコミュニケーションがうまくとれないでいる。ただ、懺悔意識が低く相手に対していじめの加害場面ではできている。しかし学校では自分の気持ちを表現できず孤立気味になっている。被害待っていじめられた経験から、人間に対する不信感や恐怖感が強い。また、自己肯定感は低く、自分の気持ちを表現しても友人はきなとうとあまりない。したがって、妹にもともっと年下の子どもに対しては比較的素直にできる。教師との関係においては小学校1年の担任との関係はよかった。失敗に対しても自分をコントロールできなくなってしまう傾向がある。知的発達に関しては年齢相応の学力を有している。しかしながら、自分に自信がないことから年の近い子どもに対してはかに諦めてしまう傾向がある。基本的生活習慣についてはしっかりできる。

母親による本児への虐待は妹ますが生まれた直後から始まっており、小学校入学後は一時減少したものの、本児の行動上の問題が再び始めてたところから始めた。母親による本児への虐待は、本児に対する不信感情であるが、自己肯定感、自己感の低さ、他者とのコミュニケーション、自己肯定感が低い、育児ストレス等母親に身体員児感情感など様々な原因となっている。また、母親の虐待状態が身に付いていることが生じている。母親の虐待状態に対する現行状態を母親が受けとめることができていなかったことが、また第二子の出生に伴う本児の退行現象を母親が受け止めていく必要がある。理解していく必要がある。第二子の出生に伴う本児の退行現象を母親が受け止めていく必要がある。また、父親と本児の関係性も少ないが、父親の経験がある。本児の虐待や参加をどうしていくかがーつのポイントである。接待に対するいこと、母親を支援しストレスの軽減をはかりつつ、勤務を派遣しどう地域支援ネットワークを形成していくことが重要要である。また、本家族を支援していく地域支援ネットワークを形成して子ども自立支援計画を立てるために一子ども自立支援計画を体得して、接育技術や抑制技術を体得して、接育技術や抑制技術を体得し、治療相談を促進する。プラス面を活用し、強化していくことが支援が重要。また、指摘した問題点の改善、回復を図ることが大切。また、本児家族への認識を改め、接育技術や抑制技術を体得し、治療相談を促進する。

出典：児童自立支援計画研究会編（2005）『子ども・家族への支援計画を立てるために―子ども自立支援計画ガイドライン』日本児童福祉協会．p.510

ケース概要票の作成 → 総合的アセスメント → 自立支援計画の策定 → 自立支援の実施 → 確認（モニタリング）→ 事後評価 → 再アセスメント → 退所

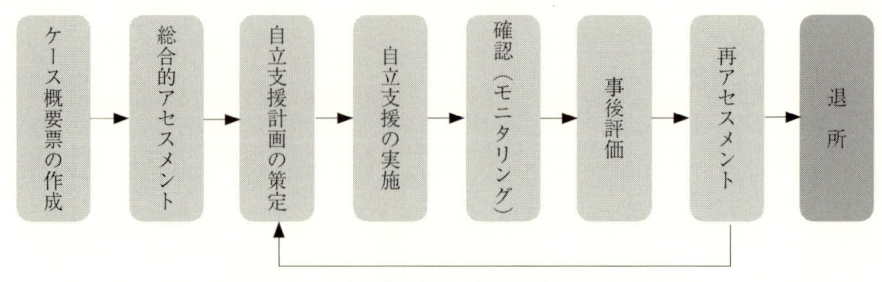

図6-3　自立支援計画の策定過程とその展開

開については，図6-3で示したとおりである。

まず，ケース概要票を作成する。それらの情報を基に総合的アセスメントを行う。その結果をふまえて自立支援計画を策定する。その後に，子どもに対する自立支援の実施，計画どおり実施されているか確認しつつ，支援の効果について事後評価する。その評価にもとづき定期的かつ必要に応じて再アセスメントをして自立支援計画の見直しを行う。その過程をくりかえし，長期目標が達成できたら，基本的には子どもは退所となる。

③自立支援計画の策定　厚生労働省の作成した「子ども自立支援計画ガイドライン」で示されている表6-2の自立支援計画票の記入例を見るとわかるように，簡単な基本事項に加え，子ども本人，保護者および関係機関の意向や意見，児童相談所との協議内容，支援方針並びに子ども本人，家庭，地域社会の3つの領域などについて，それぞれに長期計画・短期計画を立てるような構成になっている。

したがって，子どもの自立支援計画を策定するに当たっては，施設職員だけではなく，子ども本人，保護者及び児童相談所などの関係機関が参加し，その各領域の長期・短期目標，支援方法などについて総合的に検討することが重要である。そして策定された計画について子どもや保護者に説明して合意を得ておくことが必要不可欠である。

また，施設において作成する自立支援計画は，施設適応のための課題を優先せずに，退所後の在宅での具体的な生活と結びついたその子どもがその子ども

らしく生活するための課題を意識して計画を策定することに留意すべきである。さらに、子ども自身が職員と相談して自己目標・計画を立て自己評価しつつ、主体的に自分の課題と取り組むといったシステムを導入することが望ましい。

　④支援の実施　　子どもへの支援を実施していく際には、その子どもの担当職員をはじめ、すべての職員が、その子どもの具体的な支援課題・目標およびその方法について十分に理解し共有したうえで、職員相互にフォローアップしつつ、組織として一貫性のある継続的な支援を行うことが、きわめて重要である。

　⑤確認（モニタリング）　　支援計画にもとづき支援を提供していくためには、組織として、実際に支援計画が適切に実施されているか否か、すなわち支援が短期目標を達成できるように展開されているか否か、あるいは支援の展開のなかで新たな課題やニーズの発見や生起はないかなどについて、定期的かつ必要に応じて情報を収集し、確認していくことが必要である。

　⑥事後評価　　事後評価は、今後の子どもの支援に活かすために、実施されてきた支援の効果について客観的に把握するとともに、具体的な支援目標・課題及びその方法の妥当性などの検証を行うことである。

　したがって、評価においては、子ども本人や児童指導員、保育士、家庭支援専門相談員、心理療法担当職員などの異職種の職員および院内学校教員など多くの評価者によってそれぞれの立場から評価し、検査などの結果を加味して、組織として総合的・客観的に検討することが重要である。

　多くの評価者による複線的重層的な視点からの評価によって、子ども自身や担当職員が気づいていなかった変化および新たな課題やニーズの発見などができやすくなる。また、それぞれの評価のずれについて検討することによって、より妥当性・信頼性のある評価につながりやすい。

　⑦再アセスメントおよび計画の見直し　　職員は、その評価結果にもとづき、総合的な再アセスメントを行い、支援計画の見直しを行うことになる。

　子どもは成長・発達している存在であるとともに、人的環境や生活環境もまた変化をし続けている以上、また、計画がよい内容であればあるほど、予測以

表6-2 自立支援計画票（記入例）

自立支援計画票（記入例）							
施設名　□□児童養護施設					作成者		
フリガナ 子ども氏名	ミライ 未来	コウタ 幸太	性別	○男 女	生年月日	○年○月○日 （11歳）	
保護者氏名	ミライ 未来	リョウ 良	続柄	実父	作成年月日	×年×月×日	
主たる問題	被虐待経験によるトラウマ・行動上の問題						
本人の意向	母が自分の間違いを認め，謝りたいといっているのを聞いて，母に対する嫌な気持ちはもっているが，確かめてみてもいいという気持ちもある。早く家庭復帰をし，出身学校に通いたい。						
保護者の意向	母親としては，自分のこれまで行ってきた言動に対し，不適切なものであったことを認識し，改善しようと意欲がでてきており，息子に謝り，関係の回復・改善を臨んでいる。						
市町村・学校・保育所・職場などの意見	出身学校としては，定期的な訪問などにより，家庭を含めて支援をしていきたい。						
児童相談所との協議内容	入所後の経過（3ヶ月）をみると，本児も施設生活に適応し始めており，自分の問題性についても認識し，改善しようと取り組んでいる。母親も，児相の援助活動を積極的に受け入れ取り組んでおり，少しずつではあるが改善がみられるため，通信などを活用しつつ親子関係の調整を図る。						

【支援方針】　本児の行動上の問題の改善及びトラウマからの回復を図ると共に，父親の養育参加などによる母親の養育ストレスを軽減しつつ養育方法について体得できるよう指導を行い，その上で家族の再統合を図る。

第○回　支援計画の策定及び評価　　　次期検討時期：△年△月

子ども本人			
【長期目標】盗みなどの問題性の改善及びトラウマからの回復			
支援上の課題	支援目標	支援内容・方法	評価（内容・期日）
被虐待体験やいじめられ体験により，人間に対する不信感や恐怖感が強い。	職員等との関係性を深め，人間に対する信頼感の獲得をめざす。トラウマ性の体験に起因する不信感や恐怖感の軽減を図る。	定期的に職員と一緒に取り組む作業などをつくり，関係性の構築を図る。心理療法における虐待体験の修正。	年　月　日
自己イメージが低く，コミュニケーションがうまくとれず，対人ストレスが蓄積すると，行動上の問題を起こす	得意なスポーツ活動などを通して自己肯定感を育む。また，行動上の問題に至った心理的な状態の理解を促す。	少年野球チームの主力選手として活躍する場を設ける。問題の発生時には認知や感情の丁寧な振り返りをする。	年　月　日
	他児に対して表現する機会を与え，対人コミュニケーション機能を高める。	グループ場面を活用し，声かけなど最上級生として他児への働きかけなどに取り組ませる。	年　月　日
自分がどのような状況になると行動上の問題が発生するのか，その力動が十分に認識できていない	自分の行動上の問題の発生経過について，認知や感情などの理解を深める。また，虐待経験との関連を理解する。	施設内での行動上の問題の発生場面について考えられるよう，丁寧にサポートする。	年　月　日

※左端に【短期目標（優先的重点的課題）】の縦書き見出しあり

家庭（養育者・家族）				
【長期目標】母親と本児との関係性の改善を図ると共に，父親，母親との協働による養育機能の再生・強化を図る。また，母親が本児との関係でどのような心理状態になり，それが虐待の開始，及び悪化にどのように結び付いたのかを理解できるようにする。				
	支援上の課題	支援目標	支援内容・方法	評価（内容・期日）
【短期目標（優先的重点的課題）】	母親の虐待行為に対する認識は深まりつつあるが，抑制技術が体得できていない。本児に対する認知や感情について十分に認識できていない。	自分の行動が子どもの与える（与えた）影響について理解し，虐待行為を回避・抑制のための技術を獲得する。本児の成育歴を振り返りながら，そのときの心理状態を理解する。そうした心理と虐待との関連を認識する。	児童相談所における個人面談の実施（月2回程度）	年　月　日
	思春期の児童への養育技術（ペアレンティング）が十分に身についていない	思春期児童に対する養育技術を獲得する。	これまで継続してきたペアレンティング教室への参加（隔週）	年　月　日
	父親の役割が重要であるが，指示させたことは行うもののその意識は十分ではない	キーパーソンとしての自覚を持たせ，家族調整や養育への参加意欲を高める。母親の心理状態に対する理解を深め，母親への心理的なサポーターとしての役割を取ることができる。	週末には可能な限り帰宅し，本人への面会や家庭における養育支援を行う。児童相談所での個人及び夫婦面接（月1回程度）。	年　月　日
地域（保育所・学校等）				
【長期目標】定期的かつ必要に応じて支援できるネットワークの形成（学校，教育委員会，主任児童委員，訪問支援員，警察，民間団体，活動サークルなど）				
	支援上の課題	支援目標	支援内容・方法	評価（内容・期日）
【短期目標】	サークルなどへの参加はするようになるものの，近所とのつき合いなどはなかなかできず，孤立気味。	ネットワークによる支援により，つきあう範囲の拡充を図る	主任児童委員が開催しているスポーツサークルや学校のPTA活動への参加による地域との関係づくり	年　月　日
	学校との関係性が希薄になりつつある。	出身学校の担任などと本人との関係性を維持，強化する。	定期的な通信や面会などにより，交流を図る	年　月　日
総合				
【長期目標】地域からのフォローアップが得られる体制のもとでの家族再統合もしくは家族機能の改善				
	支援の課題	支援目標	支援内容・方法	評価（内容・期日）
【短期目標】	母親と本人との関係が悪く，母子関係の調整・改善が必要。再統合が可能かどうかを見極める必要あり。	母子関係に着目するとともに，父親・妹を含めた家族全体の調整を図る。	個々の達成目標を設け，適宜モニタリングしながら，その達成に向けた支援を行う。	年　月　日
			通信などを活用した本人と母親との関係調整を図る	年　月　日

【特記事項】通信については開始する。面会については通信の状況をみつつ判断する。

出典：児童自立支援計画研究会編（2005）『子ども・家族への支援計画を立てるために──子ども自立支援計画ガイドライン』日本児童福祉協会，p.512

上に子どもの変化が見られる場合が多いことも事実であり，どのケースに対しても，事後評価の結果にもとづき，アセスメントおよび計画の見直しが必要になってくるのである。施設が，もし仮に最初に立てた計画を見直さずに，子どもに入所から退所まで支援を展開していたとすれば，その計画は形骸化したものになっている場合が多いのである。

(相澤　仁)

■参考文献
児童自立支援計画研究会編（2005）『子ども・家族への支援計画を立てるために』日本児童福祉協会
児童自立支援対策研究会編（2005）『子ども・家族の自立を支援するために』日本児童福祉協会
全国児童自立支援施設協議会編（2009）「児童福祉施設における非行等児童への支援に関する調査研究報告書」
『子ども・家族の相談援助をするために』（2005）日本児童福祉協会

コラム1　一時保護所における問題と課題

　一時保護所は児童相談所に併設されている施設で，被虐待環境などから保護された後，里親委託や児童養護施設入所等のサービスに至るまで入所する施設である。2010年5月現在，全国の205児童相談所のうち125カ所に設置されており，1日平均約1300名（年間受付件数19,396件）が利用する。そのなかで虐待を主訴にして保護された子どもは4割に上る（平成21年度福祉行政報告例，2009年）。また，大都市圏を中心に入所率が高く，一時保護後の受け皿となる里親・施設等の不足やミスマッチにより，入所期間も長期化している。

　なお，乳児や発達障がいで集団生活になじめない子どもなど，一時保護所への入所が難しい場合，乳児院や里親等に一時保護を委託される場合もある。

子どもからみた一時保護所

　子どもにとって一時保護所は家庭から分離されて最初に入所する施設である。安心した生活が保障される反面，集団生活による葛藤も大きい。実際に子どもへのアンケートを分析すると，生活の楽しさ，食事のおいしさ，職員に話を聞いてもらった，大切にされているといったプラスの感覚と，生活に嫌なことがあった，イライラした，悲しくなるなどのマイナスの評価があげられた。加えて，一時保護，入所期間・理由についての説明や，退所後の方針について子ども自身の気持ちが確認されることも重要であった。

一時保護所におけるケアの困難

　子どもにとって一時保護所の生活は安全が保障されると共に葛藤も大きい。職員が対応困難と感じたケア場面を調べると，もっとも多かったのが反抗や暴力，器物破損といった職員や一時保護所に対するもの，次いで過剰な興奮やパニック，無断外出，自傷行為といった子ども自身の問題であった。加えて暴力やいじめ，性的に不適切な行為など子ども間の問題や，子どもを取り返そうと親が乗り

込んだり，外部の仲間の侵入といった入所者以外によるものもあった。

混合処遇による課題

虐待や養護問題を理由に入所する子どもだけでなく，非行や施設不適応等を理由に入所する子どももいる。また被虐待児が非行児のいじめの対象となった事例が約半数の一時保護所で起こっているなど，いわゆる混合処遇による課題も大きい。保護以前になんらかの問題や虐待等の力関係にさらされた子どもが，入所後に必要以上のストレスや力関係にさらされることは，子どもの権利から考えて大きな問題である。個別的なケアや子ども間の関係を適度に調整できる環境，および専門性の高い職員の配置が求められる。

ケア単位の小規模化と職員配置

一時保護所の設備や職員配置は，児童養護施設の最低基準に準ずる。しかし，子ども虐待等で深刻なダメージを負った子どもが多数一時保護されるなか，個別的，専門的なケアを子どもに提供するためには，ケアを行う職員はもちろん，心理や医療の専門職の配置など，一時保護所に必要な専門性と職員配置が図られる必要がある。

学習権の課題

一時保護所入所中は，子どもを安全に保護するため，基本的に所外への外出や通学ができない。子どもの教育を受ける権利の1つである学習権を守るため，さまざまな支援策が行われている。日課のなかで学習の時間を設定し，個別的な学習指導を行うだけでなく，教育委員会等が教員を派遣したり，また子どもの状況によって通学を認めている一時保護所もある。しかしながら，いまだ抜本的な解決に至っていない課題である。

（有村大士）

■引用文献
安部計彦（2009）『一時保護所の子どもと支援』明石書店
安部計彦（2007）「児童相談所一時保護所の運営に関する調査研究」こども未来財団　児童関連サービス調査研究等報告書

7章 養育の実際
——児童養護施設を中心に

1 養育関係の出発点

（1）受け入れ（入所）の準備を整える

　子どもは児童相談所の一時保護を経て私たちの児童養護施設にやってくる。児童相談所では，一時保護の間，子どもと家庭のさまざまな調査を行い，それにもとづいた診断によって，現状の親子関係や家庭の抱える状況下では施設への入所措置が望ましいとの判定を下し，正式な措置決定を受けて入所するのである。

　入所にあたっては原則，親（親権者）と子の同意が前提となる。しかし，子どもはたとえ同意をしているとしても必ずしも望んで施設に来るとは限らない。地域，学校の友人と別れ，生まれ育った家庭を離れざるをえない境遇を憂い，未知の生活を始める不安が頭をよぎる。私たち施設側は，そのような子どもの心情にまず想いを馳せ，施設での新たな養育関係づくりに向けての十分な準備を可能な限りしなければならない。

　入所にあたって，児童相談所は措置児童票および付属書類を施設に提出する。一時保護中に行ったさまざまな調査，診断にもとづいて，子どもを視点に置いて，家族関係，成育歴，心理状態，医学的所見そして主訴，施設措置の理由が網羅されている。施設にとって児童票に記入された内容が，子ども個人と親や

家族を知る重要な手掛かりとなる。さらに，担当児童福祉司，心理判定員からの説明は，児童票の内容だけでは理解しにくい子どもや家族の特徴や心情，注意点，あるいは学校や地域での状況などの様子を具体的に知る手助けになる。

入所までに余裕がある場合は，施設職員が児童相談所で一時保護されている子どもに面会に行き，あるいは本人が施設に訪れて，施設の皆が歓迎していることを伝え，施設の生活についての疑問に答える機会を作る。

また，施設側が事前にすべきこととして，学齢期の子どもの場合は，地元の学校への転校手続きとともに，ある程度の入所理由や成育歴，家族関係などの説明を行い，学校側の受け入れ態勢を整えてもらうことを依頼しなければならない。

このようにして，子どもが入所するということは，子どもと家族そして施設それぞれにとって緊張感が伴うため，細心の注意を払った準備が必要である。

そして，入所当日は，親（家族）と子どもを前にして，施設は安心して過ごせる場所であり，親子関係（家族関係）と家庭環境の立て直しを目標にした新たな援助関係の出発点であることをわかりやすく説明する。

次の事例は母子家庭の子どもが入所した際の状況を紹介したものである。

《事例1》

男児Aは小学1年生。母から身体的虐待を受け，通報により児童相談所がかかわり一時保護を繰り返したが，在宅ケアも限界であるとの判断から施設措置となった。

母は「どうしても好きになれない。やることなすこと腹が立つ」と幼児期から日常的に体罰やたばこ火の押しつけ，性器を縛るなどの虐待を繰り返した。

母は離婚した夫からのDVを経験しており，その夫に本児がよく似ているために怒りを増幅され衝動に駆られるようであった。また言葉に発達の遅れがあることも虐待の一因となった。

安定した就業ができず収入も不安定，近所づき合いも悪く，地域では孤立

した家族であった。

　入所の日，親子は児童相談所職員とともに玄関を入った。応接間に案内して，母は無遠慮に椅子に腰かけたが，Ａは嫌がるのを促されてようやく入室する。そして母の横には座ろうとせず，四角い部屋の角に硬直して立ち，上目づかいに母を凝視しているだけだった。その凍りついた室内の雰囲気が親子の関係を象徴しているようであった。

　施設入所はその親，家族と子どもにとって大きな転機である。子どもが幼いほど，考えもしなかった親子の別離という事態に実は戸惑うものである。ワーカーから諭され，一度は納得し仕方がないと同意をしてこの場に臨んでいるとしても，「なぜ自分たち親子が」と疑問に感じている。
　この事例では，母が入室を拒む息子Ａを見て，「だから，この子には腹が立つのよ」と言うが，その言葉の向こう側には，自分の背後にある生活苦や子育ての重荷による焦燥感や孤独感が見えてくる。母親として子育てを人並みにしようとすればするほどうまくいかなかった苛立ちを，その発言が象徴しているように思えるのである。
　入所によって，一度は親と子は分離される。しかし同時に，新たな親と子の関係改善の歩みが始まる。つまり，親子関係の再統合へ向けた出発点であることを認識することがまず大事である。子どもを育成する責任とともに，一見困難な親，家族との丁寧な関係作りの覚悟をもたなければならない。

（2）個別の養育目標を立てる

　措置児童票や児童相談所ワーカーからの情報は重要視することを述べたが，施設入所後の子どもは必ずしもその情報から予想される行動をするとは限らない。たとえば，学校不登校が常態化していたとの説明であったが，入所後，そのようなことが嘘のように登校を始めることがある。あるいは，身辺自立には問題がないと聞いていたが，入所後毎日夜尿が続くといったことはよくあることである。

このように，施設入所という環境の変化が，良くも悪くも子どもの心身の状況に影響があることをまず認識しなければならない。そして，どのような子どもも等しく未知の生活体験，人間関係に対して緊張感と不安感を抱いているということを理解して十分な配慮を欠かしてはならない。また，入所直後の子どもの言動をもって常態像としてとらえるのではなく，数カ月の養育観察期間が必要である。子どもは1人ひとりが固有の体験をしている。たとえ同じ家庭で育てられた兄弟であっても，年齢や性差，個性によって受けた影響が違うことも考慮しなければならない。

　施設での養育は，家族再統合あるいは社会的自立を最終目標にしている。施設生活が短くても長くても，日々の養育の過程はそのことを念頭に行われる。

　「児童自立支援計画票」は，施設入所直後から作成されることになるが，実際は，入所後の子どもの要観察期間を経てから作成されるのが望ましい。その目的や内容の詳細は6章で説明するが，施設担当者のみならず学校や保護者などと子ども本人の意見も総合して短期，中期，長期目標が示され，定期的な見直しを繰り返していくことになる。

　施設生活の始まりは，子どもにとっては緊張と不安で満ちているかもしれないが，歓迎され温かい受け入れ態勢，雰囲気とともに，入所の目的が決して親子を引き離すことでも施設生活そのものでもなく，再び親子が共に生活し幸せな家庭を築くことを目標にしていることを，子ども自身に理解させることが重要である。施設での養育目標の設定は明確な見通しをもって立てられるべきである。

2 養育の実際

　本節では，標準的な大舎型児童養護施設での養育の日常事例をおりまぜて紹介しながら，施設養育の実際と重要な視点を解説する。

（1）基本的な日常，世話が大事にされる環境

　朝目覚めて生活の活動が始まり食事をして疲れて夜寝る，ごくあたりまえの人間の自然な営みは，幼いころから繰り返し行われる規則正しい生活のリズムによって習慣化され培われる。いわば基本的生活習慣は，成人して社会的な自立をするうえの基礎となるものである。

　しかし，その多くが不適切な環境や養育関係で育った施設に入所する子どもたちは，基本的な生活習慣が養われていない場合が少なくない。

　朝起きても親は寝ていて朝食はなく，ただ何となく登校し，学校から戻っても夕食も食べられるのか不安な毎日を送っていたり，あるいはお金を渡されて夜は遅くまで繁華街やコンビニエンスストアに入り浸っていたりということがある。また，不登校を呈してきた子どもは，家庭に引きこもっている間に昼夜が逆転してしまっている例もある。

　施設養育では，そのような子どものおかれてきた背景をふまえて，いつでもよく整えられた温かい衣食住を保証し，朝起きてから夜寝るまでのごく普通の日常性や余計な心配をせず安心できる安定した生活の流れが享受できるような環境が保証されることが重要である。

　《事例2》は，満足に食事を与えられない環境で育った子どもの入所直後の様子を示したものである。

《事例2》

　小学2年生の男児Bは父子家庭である。父は定職につけず経済的に不安定であった。わが子を慈しむ余裕はなく，たまの仕事で日銭が入ると，食事を作る代わりに好きなものを買って食べろとお金を渡し済ましてしまう。お金が尽きると幾日も我慢をさせるため，堪（こ）えられなくなって飲食店の残飯をあさったり，スーパーの試食コーナーを回ったり，店で万引きもした。小学校の先生は，そのようなBの境遇を知り，学校給食の残りを持たせたりお弁当を作ってきてあげたりしていたが，それも限界となり児童相談所に相談，施

設入所となった。

　入所後，彼は摂食行動の異常さが際立っていた。食事が始まると彼は真っ先にご飯を食べる。そして，おかずには目もくれずおかわりをする。それを4，5回繰り返し，ふっとため息をついて初めておかずに手をつけお汁を飲む。担当保育士の戸惑いに，少し様子を見ようと職員間で話し合った。

　いつ食事ができるかわからない不安，ひもじさの恐怖と隣り合わせだった日常を経験してきた彼にまず大切なことは，安心して食べたいだけ食事ができることではないか。われわれの眼からは非常識でもいまはそっとしておくことにした。数カ月後，異常摂食は収まった。同時に，入所当初はいらいらして落着きのなかった性格も穏やかになり顔色もよくなった。

　豊かな現代にあっても，食の貧困さゆえに心に傷を負う子どもの存在は無視できない。「食べること」は人間の基本的欲求である。
　生まれて初めて赤ん坊がとる行動は授乳を求めることであるが，欲求としての食行動とともに母体のぬくもり柔らかさに触れて心から安心感を覚え，母は愛おしさをもってこの欲求にこたえ，情緒の相互関係が成立する。やがて，1人で食事できるようになり，規則正しい食習慣，いつでも食事が用意されているという満足感と安心感が子どもにとって心の栄養となって情操を育んでいく。
　施設では，栄養士はじめ調理職員が献立にもとづいた食事を調理し提供することが一般的である。栄養に配慮された季節感のある子どもたちの嗜好に合わせた温かいメニューに心がけている。食堂で入所児童全員が一緒に食事する場合が多いが，居室が独立しているホーム制の施設は，調理済みのものあるいは食材を運んでホームで職員が子どもと一緒に調理して食べるところも少なくない。
　食事をするうえで大切なマナーも職員が丁寧にしつけてゆく。しかし，家庭で満足に食事をすることができなかった子どもは，いきなり食事に向かう姿勢をしつける前に，その生活背景を理解しながら，ときには「食事の時間には必ず食べることのできる」という安心感や満足感をもつことを優先させる柔軟な対

応も必要であろう。同時に職員や仲間とともに今日の出来事などを話題にして，楽しく食事ができるような配慮も欠かせない。そのことが，傷つき辛い思い出を癒し，生活への活力，生きる希望へとつながっていく。

同じように，明るく清潔な施設の住環境，自分の机，好みの衣服や暖かい布団，朝起きてから寝るまでの規則的な生活リズム作りは養育の基本である。日常の何気ない配慮が子どもの心を支えていく。

次の事例は，ある施設の保育士の配慮ある，しかも何気ない世話が子どもへの愛のメッセージになることを示した事例である。

《事例3》

私はMに信じられる大人もいるのだということを知ってほしかった。しかし，その後も万引き，喫煙，シンナー，家出（園出），暴走族，暴力団，覚せい剤……何度も児童養護施設ではだめなんじゃないかと思った。（中略）何もできない私はMが園出をすると，布団を干し，シーツを洗い，服を洗濯して，部屋の掃除をした。どうして悪いことを止めないのだろうという怒りと，それでもMと信頼し合いたいという愛情が交錯しながらの掃除。そのとき私がMにできることはそれしかなかった。そんなMも，今はすっかり落ち着いて働いている。20歳を過ぎた頃彼が言ったことが今でも私の仕事の指針になっている。「園出してあのふかふかの布団が今でも忘れられへん」「あの布団で寝たかったから園に戻ってたようなもんや」としみじみ話してくれた。Mはその時は何も言わなかったけど，布団を干していたことを分かっていたのだ。布団を干すことで愛情が伝わっていたのだ（石塚，2004）。

養育とは言葉だけではなく行為であることを示すよい例である。日常生活の家事，世話の不断の繰り返しが，実は子どもたちに目に見えない言葉となって影響を与え，「大切にされている，いつも見守ってくれる，愛されている」という実感を育て，生きる勇気を与えるもっとも基本的な方法である。

（2）人間性の回復に向けて

　家庭で虐待が起きると、子どもは虐待をする親と自分のどちらが悪いからこのようになるのだろうと考え「自分が悪い」と選択をする。なぜなら自分が悪いととらえたほうが今後に期待がもてるからである。自分が悪い子だから暴力を受けていると考えたほうが、自分がいい子になりさえすれば暴力や非難を受けないで済むという理解ができる。まして、親から「お前が悪い」とマイナスのメッセージしかないのだからなおさらである。そして、子どもなりに必死で努力をするが虐待は当然のことながら止むことはなく、とうとう、親の暴力こそが愛情の証であると歪んだ認知をしてしまうこともある。

　施設に入所をしてしばらくすると、親が問題として指摘する子どもの表面的な逸脱行動、たとえば学校でのトラブルや不登校、万引きなどの非行がほとんど消えてしまう代わりに、別の新たな状況が表れる。

《事例4》

　親からの虐待で入所した小学校高学年の女児D。

　ある日のこと、幼児が「おなかいたい」と保育士に甘えたりぐずったりして訴えた。すると、Dがそばに来て「そんなことはない。こいつ嘘ついている。病院なんか行かなくていい！」と幼児に罵声を浴びせ、平手打ちをした。それを制止しようとする保育士にも猛烈で執拗な抗議をやめなかった。ようやく、他の職員がきて収めることができた。

　心理担当職員が後にDと面接した。Dの家庭では、自分がこのようにお腹が痛くて苦しくても、決して親から声をかけてもらえず、訴えても病院に連れて行ってもらえなかった。だからそのようなときは、「たいしたことない。なんでもないと自分に言い聞かせて我慢をした」と打ち明けた。

　このような子どもの状態は虐待体験によるトラウマが引き起こす「愛情を刺激する対象への攻撃性」とされ、自分が受けられなかった愛情を受ける存在に

憎しみが生じて衝動的な攻撃を向けてしまうのである。あるいは、「感情のコントロール障がい」は、物を壊したり暴力をふるったりするが、おとなからの見捨てられ観がきっかけとされる。

　家庭から施設生活への移行による解放感あるいは新たな緊張関係によって、さまざまな虐待体験による特徴的行動が新たに表れることがある。事例のような行動に接するとはじめは非常に理解に苦しみ、対応が難しい攻撃的行為ではあるが、被虐待体験による発達の歪みが大きな要因であることを施設全体で共有し対応をしなければならない。

　Dのこのような行動の原因を理解し改善するために、施設では心理担当職員がケア担当職員と共同で取り組んでいる。入所当初からDには施設の処遇目標に従い定期的な面接を行っている。「自分は絶対悪くない。怒られるほうが悪い」と吐き捨てるDに心理面接を繰り返すうちに彼女の背景が徐々に理解された。

　Dが施設生活のなかで表す他児への怒りは、親から受けた同じような場面でされてきたことを下地としている。自分ではどうすることもできなかった圧倒的なトラウマ体験に対し、「たいしたことはない」と言い聞かせることでその苦痛体験を処理してきた。そのため他児への一方的な暴力もDのなかでは正当化される。つまりDの行動は、親との関係で抱いた「悲しみ」が形を変えて「怒り」となっているのだととらえなおすことが援助の手掛かりとなる。

　このように、家庭でしっかりとした愛着関係を築けず否定的養育しか受けてこなかった子どもに対応するには、現在表れる行動から、成育の過程を読み取ることがまず前提である。そして、加害者のなかにある被害性、つまりその子が感じてきたであろう辛さ悲しさを受けとめ、また家族の喪失という根源的な見捨てられ観をいかに埋めるかを考えるために、いまのその子の課題は何かを担当者だけでなく他の職員の眼を通して把握したうえで、施設生活のなかで意識的な取り組みを工夫していくことになる。そして、子どもが正しい感情や行動を取り戻していくためには、自分の過去を決して否定的にとらえるのではなく、その過去を受け入れ、将来に希望を抱くことができなければならない。そ

のための養育努力は何を視点におけばよいのだろうか。

被虐待児を養育する児童福祉施設を対象にした調査によると，被虐待児施設対応で「うまくいった事例」の有効な援助の用件を次のように整理している。

「①関係者（施設内外）の利用連携，②核になり，しっかり受け止めてくれる信頼できるおとなとのかかわり，③その子の発達状況や特徴，そのときの状態に適した課題，場の提供，④よい素質や得意なところを見出し，周囲から認められる経験，⑤根気と時間をかけた対応。②から⑤をまとめると『子どもを肯定的に捉える眼差しを持った援助者との，揺るがぬ，信頼できる関係が確実に存在し続けること』といえる（一部略）」（子どもの虹研修センター，2006）

育むことのなかった人間への絶対的信頼を子どもの内面に培い，「私は大切にされている。生きていて良いのだ」と実感できる心を育てることが，傷ついた子どもの人間性の回復に向けた養育目標となるであろう。

（3）施設の活性化を常に考える

施設の生活は，ときに子どもたちを窮屈にする。集団の共同生活はある程度の規則が必要とされる。居室は複数児童の利用が一般的でありプライバシーが守られにくく，私有物は制限を受ける。また，家族や友人との自由な交流はしにくく，外出や外泊も自由にはできない。いつもこのような集団養育の宿命を抱えた施設ゆえに起きるマイナスの要素を正しく客観的に理解しておかなければならない。このような要素はすなわちおとなの側の意識的あるいは無意識の管理的養育に誤って利用しかねない危険をはらんでいるからである。

次の事例は，子どもたちの真の育ちの場に変えようと必死に努力をされた施設での子どもの様子を紹介した，新任施設長の文章の一節である。

《事例5》

（今までの施設では）規則正しい生活の中のチャイムで管理された中，子どもたちは素直にそれに従い，食事の時間，学習時間，掃除の時間などをこなしていた。それは自立するための事情であることを信じて続けられてきたと

思うのだが，チャイムを止め自分で考えさせるようにしてみたところ何もできない彼らであった。そこで，これまできちんとやっていたのにどうしてできんの？　と聞いてみたら，「掃除の時間は箒を持って立っていただけ，掃除をしとったんではないの，箒を持っていれば叱られなんだ」「学習時間は学習室にいて机の下で漫画を読んでいただけ，勉強しとったわけでないの。学習室にいれば叱られなんだ」「食事は全部食べんと叱られたので，とりあえず口に入れてご馳走さまをしてトイレへ行って吐き出した」ということを話してくれた（平田，2006）。

　この事例が示すように，チャイムによって生活を統制する管理的養育がもたらすのは，いかにもおとなの目には優等生のような態度をみせながら，陰でしたたかに抵抗する子どもたちの姿であり，このような環境のままでは心が通い合う生き生きとした生活は営まれず，主体性や自主性が育たない。
　集団生活における生活規律や日課の設定は，そこで生活する子どもが基本的な生活習慣を身につけ，共同生活のうえでの責任，役割を年齢に応じて自主的に果たし，責任感と主体性を育むことを目的とするべきである。それは子どもの内なる成長を促すものであって，おとなが子どもを操作する道具であってはならないのである。
　子どもたちは年々成長し，施設入所退所を繰り返して子どもの構成も変わり，職員も入れ替わるのが施設である。10年前には子どももおとなも納得できていたルールがいつの間にか現在にそぐわない部分も生じるのが道理である。したがって，施設長はじめ職員が常にそのことを自ら客観視し点検して，必ず子どもたちを主役にした定期的な話し合いをもち，おとなも子どもも共有できる施設生活のあり方を考えて，いつも主体的に自主的に過ごせるように施設を活性化していく努力を怠ってはならない。

（4）多様な子どもたちを受けとめ養育するには

　ある子どもたちはなんらかの心身の障がい，成育上の課題や社会的問題を抱

えて入所する。そしてそれは，修正や回復に困難さを抱えている場合が少なくない。知的な遅れ，発達障がい，身体機能の障がい，もう1つは虞犯(ぐはん)行為や非行など反社会的行動の類である。施設で職員がこのような多様な成長課題をもった子どもを受け入れ養育するにはどのような姿勢が必要であろうか。

次の事例を示して考えてみる。

《事例6》

入所当日，軽度の知的な遅れのある中学3年生のEが担当の児童指導員の前でとった言動は「俺はこんなところに来たくなかった」とテーブルに足を投げ出し，あっちを向いてふて腐れることだった。髪の毛は長く茶色に染め，容姿目つきはまるで「不良」そのものだった。しかし，しばらく生活するうちに，さまざまなタイプの子どもが生活する施設では，彼のツッパリはむしろどこか幼稚であるためにとりたてて目立たず，周りの子どももおとなも特別なこととして相手にしないで接していると，髪も黒く染め，表情も穏やかに子どもらしい表情に変わっていった。

ある日突然鯉が飼いたいと言い出したので認めると，大きくもない水槽に大きな鯉を飼い始めた。「どうして鯉なの，水槽で飼うなら金魚のほうがちょうどよくない？」と尋ねると，小学生のころ髭(ひげ)のある鯉がどうしても飼いたくなり同居する祖母に頼んだが，相手にしてもらえなかったという。知的に遅れがあり，対人関係もうまく結べず，いつも学校から帰宅後は家にいるか携帯ショップにいたというEは，ようやく自分の居場所を見つけたようであった。

施設にやって来る子どものなかには，知的な発達や心の発達に遅れがあるために学校で孤立し，人と違った関心，興味があってこだわって行動するために変わり者扱いされ，家族からも理解ある支えが得られず，非行を繰り返し，その結果として問題のある子として入所にいたるケースがある。

彼らは，自分に正直に生きようとすればするほど周辺の無理解をかい，悪循

環となって反社会的行動を起こしてしまうのである。また，うまく対人関係が結ぶことができず，はっきり意思をもてないために周りの仲間に利用されてしまうこともある。

　Eの場合施設生活を始めてしばらくすると，どうして彼が「手に負えない問題児」なのだろうとおとなたちは考えた。変わった言動はするが，さまざまなタイプの子どもたちがいるなかでは特別浮き出ることもなく，職員はそのことを特別視せずそのような子なのだとそのまま受け入れる。すると家庭では相当乱れていたであろう日常生活も徐々に落ち着いてきて，学校にも休まず通いだし，生き生きと前向きに生活し始めるのである。

　Eは幼いころから火遊びや万引きを繰り返したため家族は悩み，苦しみ，そして体罰へとつながっていた。しかし問題行動は改善せず，中学生になって学校や地域の批判を受けた祖父母は，そのような孫の行動を受けとめられなくなり，とうとう放任状態となってしまったのである。

　子どもの問題行動を真正面から指導するだけでは行動は改善しない。施設養育の目指すものは，家庭の人間関係のなかでどのような育ちかたをしてきたのかをまず理解したうえで，その家庭で抱いてきたであろう不満や怒り，苦しみに想いをめぐらせ，ここでは安心して自由に暮らせるのだというメッセージを伝え，信じるに足るおとなや仲間がいて，悩みや希望を語ることができる場所なのだと実感させることにある。自分のことをいつもそばにいて真剣に叱ってくれたり，優しくしてくれたり，見つめていてくれる。潜在的な成長の可能性を虚心に受け止め信じてくれるおとな，そのような存在者との関係性が大きな成長のきっかけとなるのである。

　とはいっても，施設でも起きる問題を感じる不合理な子どもの行動に職員は振り回され，絶望的な想いをもち，挫折感を味わうこともしばしばである。また発達障がいといった診断名がついた子どもの入所が最近目立ち始め，治療的養育の必要性が志向されている。児童ニーズの変化について施設は常に敏感に感じ，養育の工夫と新たな取り組みは検討されるべきであろう。ただ，養育は因果律にはなじまないともいわれ，目の前の施設の子どものいまは，過去の無

数の体験が関係するために限りなく個別性が強く不確実である。

全国児童養護施設協議会編『この子を受けとめて，育むために』に次のように述べられている。

「施設職員には，子どもの存在そのものを虚心に受けとめようとする姿勢がまず基底に求められる，ということを自覚しておく必要がある。『子どもをあるがままに受けとめる』とは考えてみれば難しいことである。ともすれば，私たちは，子どもを『理解する』より，子どもを『対象化』したり，『こんな子だろう』と決めがちであるであることをあらためて考えてみなければならない」

子どもの表面的な問題性に目を向け心惑わされる前に，子どもの存在そのものにしっかりと焦点を据えて，施設の普段の何気ない日常性を土台にして，個別の関係性を作り上げていくことが重要である。

(側垣二也)

■引用・参考文献

平田美智枝 (2006)「日々の積み重ねを確かめながら」全国児童養護施設協議会『季刊 児童養護』Vol.37 No.1，p.17.

石塚かおる (2004)「第4章子どもと向き合い，寄り添い，受けとめる実践」朝倉恵一・峰島厚編『子どもの福祉と養護内容』ミネルヴァ書房，pp.46-48.

子どもの虹情報研修センター，増沢 高研究代表 (2006)「平成17年度研究報告書 児童養護施設における困難事例の分析」p.12.

村瀬嘉代子 (2006)「子どもが育つということ」全国児童養護施設協議会『季刊 児童養護』Vol.37 No.1，pp.4-5.

吉澤栄子・小舘静江編 (2002)『養護原理』ミネルヴァ書房

全国児童養護施設協議会・児童における養育のあり方に関する特別委員会報告書 (2008)「この子を受けとめて，育むために」

全国児童養護施設協議会・社会的養護を必要とする児童の発達・養育過程におけるケアと自立支援の拡充のための調査研究事業調査研究報告書 (2009)「子どもの育みの本質と実践」

全国児童養護施設協議会 (1990)『養護施設ハンドブック』

全国社会福祉協議会　児童養護施設における新しい援助技術の開発に関する調査研究委員会 (2001)「児童養護施設における被虐待児の処遇について」

コラム2　乳児院の現状とこれからに向けて

　乳児院は「乳児（保健上，安定した生活環境の確保その他の理由により特に必要のある場合には，幼児を含む。）を入院させて，これを養育し，あわせて退院したものについて相談その他の援助を行うことを目的」（児童福祉法第37条）とする入所居住型の児童福祉施設である。このように児童福祉法上施設の目的は明文化されていないが，児童養護施設とほぼ同様の保護者がいない，虐待されているなどの家庭環境上の理由を中心に，その他家庭で養育できない諸事情（健康状態や保健管理など）から乳幼児の養育を行い，さらに退院したものへの相談などの援助を行っている。また，児童相談所の一時保護所は通常乳児の養育を行う環境とはなっていないため，里親とともに乳児の一時保護を行われている。

　乳児院に入院させる子どもについては，以前は乳児を対象としていたが，現在は条文も改正されて，幼児についても保健上の理由などがある場合には必要に応じて利用可能となっている。たとえば障がいなどの理由から低年齢での措置変更が子どもに大きな負担となる場合，また養育里親委託となった後に不調となったために，愛着の形成に支障があるために十分に個別的なケアが必要な子どもの場合など，個々の子どものニーズに応じたきめ細やかな対応が求められている。

　乳児院には，小児科医または嘱託小児科医，看護師，保育士，児童指導員，栄養士及び調理員が配置され，その他子どもと家族の再統合や家庭関係調整を施設でも積極的に行うためにファミリー・ソーシャルワーカーである家庭支援専門相談員，また子ども自身や子どもと家族に対する心理治療的なかかわりやケアを行う心理療法担当職員を置くことができることとなっている。とくに乳児院ではこの家庭支援専門相談員に求められている役割が大きい。乳児院に在所する期間はその年齢からも他の入所型施設に較べて短く，また同時に家庭と子どもが分離してからの時間も短いため，早期の適切な介入による効果が生まれやすく，安易な措置変更が行われないように，子どもと親・家族との関係を十分に調整するための支援が必要である。さらに他の居住型児童福祉施設に較べて，短期目的利用も

多く，積極的に地域の実態に即したプログラムをもつことも期待されている（ただし，乳児院は全国で約120数カ所しかなく，地域に偏在しており県域に1カ所しかない県などもあり，すべての地域のニーズに応じることは難しい）。

乳児院の入所理由のなかでは，近年虐待によって入所する子どもも多く，家庭で受けた虐待に応じた心身のケアを行うことが求められている。さらに乳児院で生活する子どもたちは，愛着の基礎を形成する大切な時期にある。そのため，養育担当制を活用するなど個別の愛着を形成するための支援が重要である。とくにアセスメントによって子どもの入所が長期化することが予想されるケースには，保護者の同意がえられれば里親制度を活用することも考慮する必要がある。また乳幼児期は手厚い養育が必要な年齢であり，乳児院には罹患傾向が高い子どもや障がいをもつ子どもなど，多様なニーズをもった子どもが入院していることから，「保育看護」ともいわれる綿密な医療的ケアや保健的な配慮を行い，子どもと養育者との愛着形成に留意した養育が求められている。

その他にも，乳児院のもつ諸資源を地域社会に還元するさまざまな取り組みが各所で行われている。地域社会の乳幼児を一時的に短期利用できるようにするショートステイ（児童短期養育事業）や，夜の時間帯に乳幼児を預かり養育するトワイライトステイ（夜間養護事業）が行われたり，保育所に預けられない病児や病気の回復期にある子どもを一時的に保育する病児・病後児保育を行っている乳児院もある。また里親との連携を密にして，里親に対するさまざまな支援を行っている乳児院も多い。養育里親研修の実習の場として乳児院が活用されることは多く，また里親のレスパイトや養育に関するさまざまな相談を受ける体制をとるなどの支援プログラムを行っていたり，また地域の里親や乳児院から委託された里親との交流行事などを行っている乳児院もある。

乳児院に対しては，「先進諸国の中で乳幼児を対象に集団養育している施設は日本だけである」「乳児院より，里親委託を優先すべき」などといった否定的な言説も多い。愛着は「子どもと特定のおとなとの愛情の結ぼれ」であり，子どもの養育のパーマネンシーの保障から乳児院のあり方は今後の課題でもある。しかし，里親委託数・里親委託児数は微増しつつも登録里親が高齢化・減少傾向にあるのがわが国の現状であり，前述したように地域で果たすことが求められるニー

ズがあり，さらには短期目的的養護，あるいは里親不調ケース，里親では養育の難しい障がい児や被虐待児などの養育，里親支援など担うべき今日的役割がある。今後そうした専門性をより発揮可能な乳児院の将来像を掲げていくことが望まれている。

（鈴木　力）

8章 小規模ケアの場合

　わが国の児童養護施設の形態は，全国579カ所ある児童養護施設のうち大舎制370カ所（75.8%）中舎制95カ所（19.5%）小舎制114カ所（23.4%）となっている（社会的養護施設に関する実態調査，2008年3月1日現在，回答施設数489）。また，小規模グループケアは446カ所，地域小規模児童養護施設は171カ所設置されている。このようにわが国の児童養護施設は，およそ7割を大舎制の施設が占めている。集団養護を原則とするこの大舎制は，施設が好んで採用したというよりも，児童福祉施設最低基準や措置費交付基準が長らく低水準に押しとどめられてきたために，他に選択の余地のないまま，いわば仕方なく採ってきた形態であった。ただそれであっても，「施設生活」を「家庭生活」に近づけようと，一部施設において，グループホームやいわゆる「ユニットケア」といったきわめて先駆的な小舎制養護の取り組みが，高齢者分野を含む他の施設種別に先んじて行われてきた。国は，2007（平成19）年12月，社会保障審議会児童部会社会的養護専門委員会報告書「社会的養護体制の充実を図るための方策について」で，施設におけるケア（養育）単位の小規模化等家庭的養護の推進をはかることとして，今後必要なケアモデルや方法論について検討を進めることとした。さらに，2010年1月に閣議決定された「子ども・子育てビジョン」において2014年度までに小規模グループケアを800カ所，地域小規模児童養護施設を300カ所設置する目標数値が示された（図8-1，表8-1）。

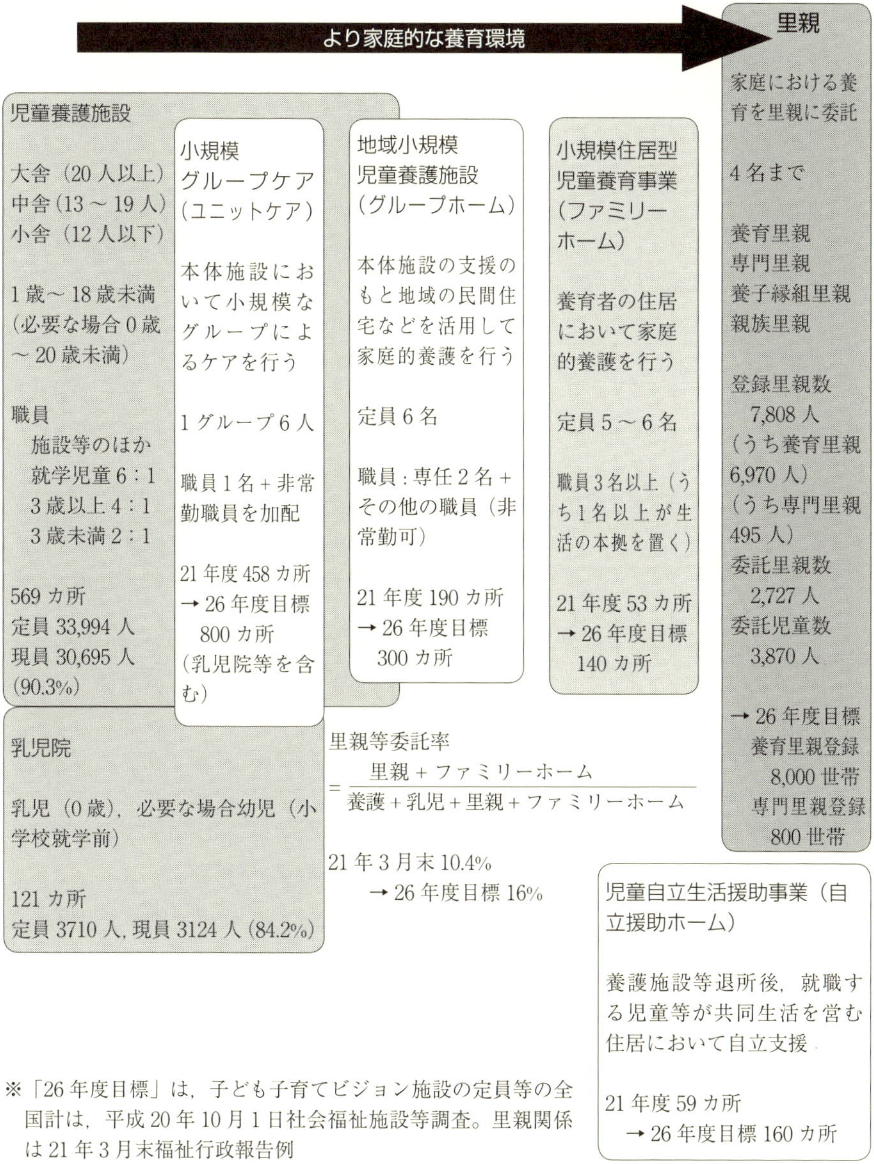

より家庭的な養育環境 →　里親

児童養護施設

大舎（20人以上）
中舎（13～19人）
小舎（12人以下）

1歳～18歳未満
（必要な場合0歳～20歳未満）

職員
　施設等のほか
　　就学児童 6：1
　　3歳以上 4：1
　　3歳未満 2：1

569カ所
定員 33,994人
現員 30,695人
（90.3％）

乳児院

乳児（0歳），必要な場合幼児（小学校就学前）

121カ所
定員 3710人，現員 3124人（84.2％）

小規模グループケア（ユニットケア）

本体施設において小規模なグループによるケアを行う

1グループ6人

職員1名＋非常勤職員を加配

21年度 458カ所
→ 26年度目標
　 800カ所
（乳児院等を含む）

地域小規模児童養護施設（グループホーム）

本体施設の支援のもと地域の民間住宅などを活用して家庭的養護を行う

定員 6名

職員：専任2名＋その他の職員（非常勤可）

21年度 190カ所
→ 26年度目標
　 300カ所

小規模住居型児童養育事業（ファミリーホーム）

養育者の住居において家庭的養護を行う

定員 5～6名

職員3名以上（うち1名以上が生活の本拠を置く）

21年度 53カ所
→ 26年度目標
　 140カ所

里親

家庭における養育を里親に委託

4名まで

養育里親
専門里親
養子縁組里親
親族里親

登録里親数
7,808人
（うち養育里親 6,970人）
（うち専門里親 495人）
委託里親数
2,727人
委託児童数
3,870人

→ 26年度目標
　養育里親登録
　　8,000世帯
　専門里親登録
　　800世帯

里親等委託率
$$=\frac{\text{里親}＋\text{ファミリーホーム}}{\text{養護}＋\text{乳児}＋\text{里親}＋\text{ファミリーホーム}}$$

21年3月末 10.4％
→ 26年度目標 16％

児童自立生活援助事業（自立援助ホーム）

養護施設等退所後，就職する児童等が共同生活を営む住居において自立支援．

21年度 59カ所
→ 26年度目標 160カ所

※「26年度目標」は，子ども子育てビジョン施設の定員等の全国計は，平成20年10月1日社会福祉施設等調査。里親関係は21年3月末福祉行政報告例

図8-1　施設の小規模化と家庭的な養護の推進
出典：厚生労働省「社会的養護施設の現状と当面の課題」（2011年1月28日）

表8-1　子ども・子育てビジョン（2010年1月閣議決定）における社会的養護施策に関する数値目標

	事業名	現状（2008年度）	目標（2014年度）
社会的養護	要保護児童の支援		
	児童養護施設	567カ所	610カ所
	地域小規模児童養護施設	171カ所	300カ所
	情緒障害児短期治療施設	32カ所	47カ所
	小規模グループケア	446カ所	800カ所
	里親等委託率	10.4%	16.0%
	小規模住居型児童養育事業（ファミリーホーム）	—	140カ所
	養育里親登録者数（専門里親登録者数を除く）	5,805世帯（2009.10）	8,000世帯
	専門里親登録者数	495世帯	800世帯
	児童自立生活援助事業（自立援助ホーム）	54カ所	160カ所
	地域の家庭の支援		
	児童家庭支援センター	71カ所	120カ所
	ショートステイ	613カ所	870カ所

1　児童養護施設の生活形態

　児童養護施設は，それぞれの施設の歴史や処遇理念により入所児童の生活形態が施設によって異なり，その形態は大きく次の4つに分けられる。
　(1) 大舎制　　ある場面だけが居室のなかで満たされるが，養護職員との接触は，むしろ居室以外のところにおかれるシステム。施設全体が生活集団であることを意図し，居室集団は管理単位ということになる。大舎制施設は，処遇職員が有機的に養護を結合していることに特徴がある。
　(2) 中舎制　　大舎制と小舎制の混合型といえるものとして中舎制がある。これは，居室集団は，コッテージ・スタイルであっても，食事をとるところや，子どもたちを援助，指導するところが別棟にあるという小家屋型をとる形態をいう。

(3) 小舎制　生活の場としての家のなかに児童の生活要素が確保され，このなかでほぼ満たされる。そして，どうしても外にあるものを利用したいときは，出入口を通して利用することが，養護職員の下でなされる。小舎制施設では居室集団すなわち生活集団といえる。

(4) グループホーム　地域社会のなかでの小集団による専門的養護として位置づけられる。社会的養護の新たな処遇メニューの1つとして考えられ，家庭の生活体験不足，歪んだ家庭生活を体験してきた児童に，より家庭に近い養育環境を提供し，そのなかで特定の職員との援助関係において，情緒的安定を図り，社会性，経済性等児童の成長発達を保障していくことにある。

（全国社会福祉協議会養護施設協議会編，1981）

それぞれの形態があり，形態によって生活様式も違う。

(1) 養育単位の小規模化の現状

児童養護施設における「養育単位の小規模化」をとらえる際に，戦後の児童養護施設の歩みのなかで培われてきた各施設の養育に対する考え方が，現在の各施設の形態に反映していることに留意する必要がある。

現在，児童養護施設における「養育単位の小規模化」は，下記の形態がある。

①小舎制

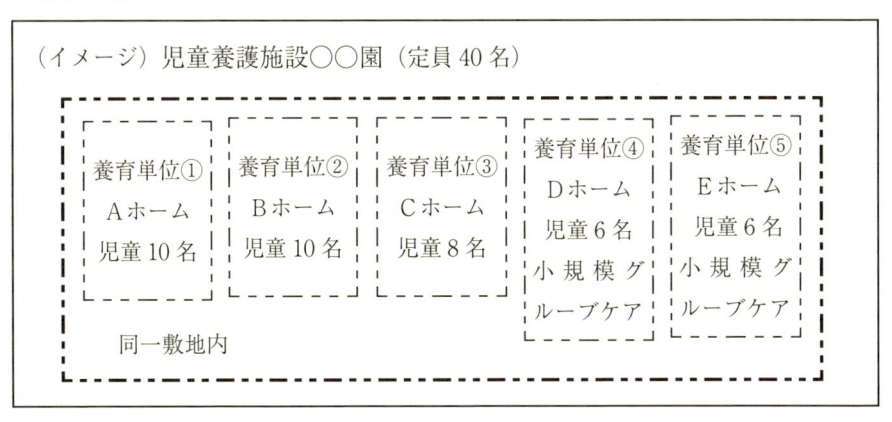

```
（イメージ）児童養護施設○○園（定員40名）
┌─────────────────────────────────────────────┐
│ ┌──────┐ ┌──────┐ ┌──────┐ ┌──────┐ ┌──────┐ │
│ │養育単位①│ │養育単位②│ │養育単位③│ │養育単位④│ │養育単位⑤│ │
│ │Aホーム  │ │Bホーム  │ │Cホーム  │ │Dホーム  │ │Eホーム  │ │
│ │児童10名 │ │児童10名 │ │児童8名  │ │児童6名  │ │児童6名  │ │
│ │         │ │         │ │         │ │小規模グ │ │小規模グ │ │
│ │         │ │         │ │         │ │ループケア│ │ループケア│ │
│ └──────┘ └──────┘ └──────┘ └──────┘ └──────┘ │
│    同一敷地内                                   │
└─────────────────────────────────────────────┘
```

②本体施設の養育単位は一定の規模のまま，国の施策である「地域小規模児童養護施設」や「小規模グループケア」を活用して，施設の一部について養育単位を小規模化した施設（大舎制（または中舎制）＋小舎制）

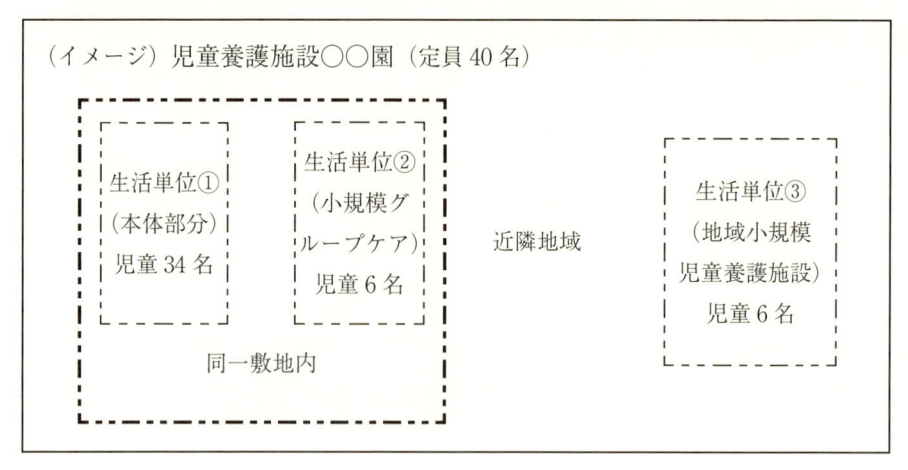

```
(イメージ) 児童養護施設○○園（定員 40 名）

  ┌─────────┐ ┌─────────┐          ┌─────────┐
  │ 生活単位①│ │ 生活単位②│          │ 生活単位③│
  │（本体部分）│ │（小規模グ │          │（地域小規模│
  │          │ │ループケア）│  近隣地域 │児童養護施設）│
  │ 児童 34 名│ │ 児童 6 名 │          │ 児童 6 名 │
  └─────────┘ └─────────┘          └─────────┘
         同一敷地内
```

　現行の国による養育単位の小規模化施策は，本体施設との連携が前提である。このため「地域小規模児童養護施設」「小規模グループケア」等は6名の養育を行っているが，本体施設では「小規模グループケア」部分を除き，大きな養育単位となっている施設がある。

（2）国の施策

　児童養護施設の「養育単位の小規模化」にかかわる国の施策として，現在次の3つの制度がある。
①地域小規模児童養護施設
〔目的〕
　本体施設の支援の下，地域社会の民間住宅を活用して，近隣住民との適切な関係を保持しつつ，家庭的な環境のなかで養護を実施することにより，入所している子どもの社会的自立を促進する。2000年度創設。

〔内容〕
・家庭復帰困難児童等を対象に6名定員で，本体施設とは別に既存の住宅等を利用して，一般家庭に類似した機能をもつなかで養育を行う。
・日常生活に支障がないように必要な設備を有し，職員が入所している子どもに対して適切な援助および生活指導を行うことができる形態であること。
・1居室あたり2人までとすること。
・居間，食堂等入所している子どもが相互交流することができる場所を有していること。
・職員として，地域小規模施設専任として児童指導員または保育士を2人置くこと。必要に応じ，その他の職員（非常勤可）を置くこと。

〔補助率等〕
補助率1／2（国1／2，都道府県・指定都市・児童相談所設置市1／2）
実施施設 154施設（2010年2月・厚生労働省雇用均等・児童家庭局家庭福祉課調べ）
根拠通知　厚生労働省通知「地域小規模児童養護施設の設置運営について」

② 小規模グループケア

〔目的〕
近年，児童養護施設では，虐待を受けた子どもの入所が増加しているが，虐待を受けた子どもが他者との関係性を回復させることや，愛着障がいを起こしている子どものケアを行っていくためには，これまでの集団による養育では限界があり，できる限り家庭的な環境のなかで，職員との個別的な関係を重視したきめ細かなケアを提供していくことが求められている。このため，2004年度から児童養護施設で制度化した小規模グループケアがある。

〔内容〕
・小規模グループケアを行うための職員1人を加配。

〔補助率等〕
補助率1／2（国1／2，都道府県・指定都市・児童相談所設置市1／2）
実施施設 322施設（2010年2月・厚生労働省雇用均等・児童家庭局家庭福祉課

調べ)

　根拠通知　厚生労働省通知「地域小規模児童養護施設の設置運営について」

③分園型自活訓練事業

〔目的〕

　児童養護施設の入所児童に一定期間小集団での訓練を行うことにより，施設退所後の児童の自立を図ることを目的とする。1992年度に創設。

〔内容〕

・児童養護施設入所児童で，退所前おおむね1年間，自立のための個別指導訓練を必要とする児童を対象とする。
・施設の敷地外の独立家屋，アパート等で通常の生活に必要な設備を有すること。
・認可定員のうち6人程度を単位として行う。
・実務上の責任者（事業担当責任者）を配置し，指導項目についてあらかじめ個別指導訓練計画を定め，児童の社会的自立に向けて生活指導等を実施。

〔補助率等〕

　補助率1／2（国1／2，都道府県・指定都市・児童相談所設置市1／2）

　実施施設31施設（2006年度）

　根拠通知　厚生労働省通知「児童養護施設（児童家庭局所管施設）における施設機能強化推進費について」

　2000（平成12）年創設の「地域小規模児童養護施設」，2004（平成16）年度創設の「小規模グループケア」制度により，大舎制施設においても施設養育の一部を制度的な保障の下養育単位の小規模化にふみ出すことができるようになった。しかし，養育単位の小規模化は，子どもが表出するさまざまな課題に対して，職員が対応するための力量向上が求められることにもなった。

2　小舎制養護の基本的な考え方

　児童養護施設では，施設に入所してくる子どもたちの多くが親子関係の関係不全であったり，子ども虐待を経験してきており，児童養護施設入所児童の62％が被虐待児であり，20％を発達障がい児が占めている（図8-2，図8-3）。そうした子どものニーズと背景を的確にとらえた援助が求められている。施設職員である養育者の役割とは"親たるべき養育"を営むことにあり，現に施設職員は日々の生活のなかである程度まで親代わりの役割を担っている。

　子どもがその発達の過程で失った「他者との関係性」を回復していくために子どもと養育者との「相互作用の質」や養育者の「応答性の質」に焦点を当てた援助が求められる。子どもにとって心身共に安心・安全が保障されたなかで，

子ども虐待の増加等に伴い，児童虐待防止対策の一層の強化とともに，虐待を受けた子どもなどへの対応として，社会的養護の量・質ともに拡充が求められている。

○全国の児童相談所における児童虐待に関する相談件数は，児童虐待防止法施行前の1999年度に比べ，2009年度においては3.8倍に増加。

○児童養護施設に入所している子どものうち，半数以上は，虐待を受けている。

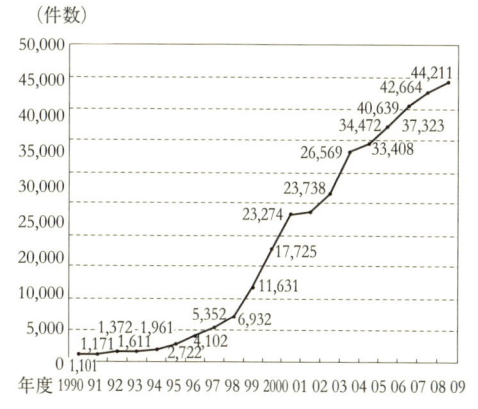

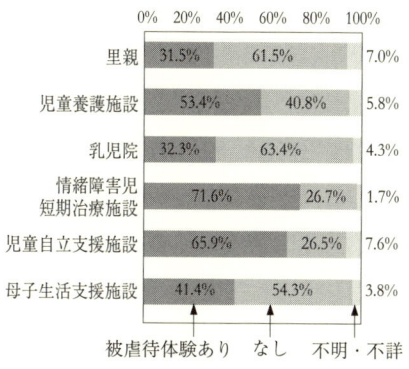

図8-2　虐待を受けた児童の増加

出典：「児童養護施設入所児童等調査結果」（厚生労働省，2008年2月1日現在，2009年7月発表）

社会的養護を必要とする児童においては、障がい等のある子どもが増加しており、児童養護施設においては23.4％が、障がい有りとなっている。

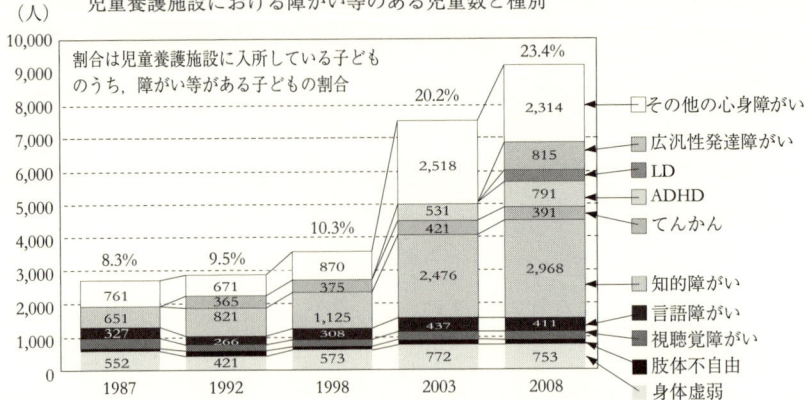

児童養護施設における障がい等のある児童数と種別

（人）

割合は児童養護施設に入所している子どものうち、障がい等がある子どもの割合

年	1987	1992	1998	2003	2008
割合	8.3%	9.5%	10.3%	20.2%	23.4%

種別：その他の心身障がい／広汎性発達障がい／LD／ADHD／てんかん／知的障がい／言語障がい／視聴覚障がい／肢体不自由／身体虚弱

ADHD（注意欠陥多動性障がい）については、2003年より、広汎性発達障がいおよびLD（学習障がい）については、2008年より調査。それまではその他の心身障がいへ含まれていた可能性がある。

図8-3　障がい等のある児童の増加

出典：「児童養護施設入所児童等調査結果」（厚生労働省，2009）

　それまで体験したことのない他者への依存関係を施設職員との間で改めて体得できるように援助・支援するかかわりが必要となる。
　このことはボウルビィがいった「かかわりの一貫性，連続性，個別性」の実践に他ならないものであり，親代わりというものが一般家庭の両親と同じ程度のもので足り得るものではなく，子どもの成長と自立において不可欠な援助・支援が必要であり，ゆえにその実践のためには施設職員は，高い専門性が求められる。

3　リービングケアの実現を目指して

　児童養護施設における児童処遇概念として「リービングケア」が叫ばれてい

る。これはノーマライゼイションの思想に従って「すべての子どもは可能な限り一般社会で，社会人として生きる権利を保障される」という考え方である。つまり，施設は施設内養護だけでは完結しないことを確認しながら，子どものもてる能力を最大限に生かし，社会に適応させていく援助プログラムのあり方がリービングケアである。

　ここでの日常生活は，創造性が要求される。生活は創られるものであり，ゆえに生活は日々新しい創造の積み重ねである。その創造が経験となり経験の積み重ねが「成長」となっていく。子は育つ環境があってこそ"ひと"としての成長がある。

　たとえば買い物をしたり，食事を作ったり，洗濯をしたり，掃除をしたりする。その行為は無意識でやったり，習慣でやったり，意識的にやったりするであろう。生活を創り出すこれらの家事労働を子どもたちが行うことは，その子どもにとって生活のあり方そのものを理解させ，実践させることにつながる。これは人生観・生活観を学ばせ共感する体験や労働をもつことへの学習機能である。また生活は現実性の強いものであるから，現実を直視させ，生きている実感を生み出させるものである。

　しかし，掃除や洗濯，炊事の方法を習得したから社会自立が達成できるというものでもない。社会スキルの習得は，社会適応力を育むことであり，ひいては社会で生きぬく力や心を育てていくことにつながる。施設職員は経験的に，子どもたちが実社会に出て不調を訴えるその多くの原因が，人間関係の不調であることを知っている。子どもは遊びや生活を通して物事を学んでいくのと同じように，施設での生活を通して社会的生活習慣を習得していくのである。

　そもそも福祉を含めた対人援助は，ひとの内なるものに視点をあて「生きる力」を支えることにある。そのためには，「場・食・ひと」がもっとも大切な環境要件である。まず，自分の居場所が確保されること。そこに居ることで安心と安全が保障されることによって「自分が大切にされている」というイメージにつながる。入所児童にとって大切なものは，「個別化された場所」であり「小規模化された」場が必要である。「食」は，"どんな立派な哲学者や心

理学者よりも美味しいご飯を作れるひとが勝る"との言葉に代表されるように，栄養値が満たされた，手を掛け心を掛ける食事が供されることが必要である。「ひと」はおとなと子どもが同じ皮膚感覚で生活する関係性が大切にされなければならない。"手を出さず，口を出さず，目は離さず"という待つことのできる養育者としての姿勢が必要である。言い換えると，食とは「栄養」であり，ひととは「愛情」である。そして場とは，「居場所すなわち居心地」である。その1つでも欠ければ，施設は子どもの「生きる力」を育てることはできない。

4 子どもの権利擁護としての小舎制

　福祉のめざすものは，健康で文化的な最低限度の生活を保障することにある。いま，施設職員が入所児童に保障しなければならないことは健康的で安全な安定した継続的な生活の保障である。ここでいう健康的とは楽しく，安らぎ，自由であるということであり，自由とは選択肢があるということであろう。自主性が重んじられる生活とは個別的であるということにつながる。しかし，施設は大集団なるがゆえに生活環境そのものが特殊である。集団を維持するためには「秩序」が求められ，「秩序」を保つためには「管理」が必要である。子どもを「管理」する手段として「規則」が用いられるのである。そのため施設には多くの規則が存在する。規則とは，「指示・命令・注意・禁止」が多く，結果絶えざる保護的干渉主義（パターナリズム）を生み，パターナリズムによる社会福祉施設における指導の氾濫という現象が起こりやすくする。施設職員は，入所児童を独立した人格の持ち主として，人格的に対等な人間として，接することのできる人権意識が求められる。そのためには，入所児童が自己決定権に基づいて，いやなことに対してはきちんと「いやだ」と言えるエンパワメントの育成が必要である。なぜなら人間は自分で体験し，ときには失敗することによって人格を高めていくことができるのであって，人権の基礎にある「個人の尊厳」はそのような考え方にもとづいているからである。

施設職員は、親代わりであり、親に養育されない子どもたちに対して衣食住の世話をし、勉強を教えたり、話し相手になったりする関係構築を通して子ども権利を擁護する立場にある。

5 「普通の生活」とは……

施設は、集団なるがゆえにいくつかの特殊な条件を備えている。その1つが基本的生活習慣の省略化である。基本的生活習慣とは、人間が人間として生きていくうえで省略のできない部分をいう。

しかし、施設では集団であるがゆえにやむをえず基本的生活習慣の省略化が余儀なくされ、たとえば、食事にしても資材は一括大量購入し、給食方式で時間になると一斉に食堂へ子どもたちが集合して、号令一下食事をとる。そして、食べ終わった者からその場を離れる。こうした生活下では物を加工する、料理するというプロセスには子どもたちは参加することがない。本来、食事をとるまでのプロセスとして、スーパーや商店に行き、品物の選択をし、品定めをし、あるいは、子ども自身が買物の手伝いをし、限られた予算のなかで必要な食材を購入するという過程は、商品経済社会のなかで必要不可欠なことである。

施設のこども達は、そうした経済のしくみを体験することがきわめて少なく、選択肢のない画一的なものを支給される機会が多い。児童養護施設の子どもたちの生活の社会性の欠如は、こんなところにも起因する。

これは施設養護の最大の致命的欠陥としてとらえなくてはならない。

生活は、創造性が要求されてくる。生活は創られるものであり、生活者の価値観が創造性を生み出し、より人間らしい生き方を示すものである。

それにより新たな発見や発展、喜びを見いだす。しかし創造性もない生活は動物の生活と同じである。

6 施設に求められる機能

　児童神経精神科医のロベッタ・ベンダーが「最悪の家庭といえども，最良の施設に優る」という言葉を残したその「家庭」は，現在貧困格差やDV，児童虐待にみられるように家庭機能が脆弱化している。児童憲章には，「すべての児童は家庭で正しい愛情と知識と技術によって育てられる」と明示されている。子どもが成長する場として家庭に優る場はないことを強調している。子どもにとって家庭とはどのような機能をもっているのだろうか。
　その第一は，家庭は子どもに対して加えられる社会的圧力を防ぐ防壁の役をなしている。
　その第二は，社会に代わって社会の要求を子どもに伝えるところの社会化の役目をしている。
　第一の意味においては，子どもは家庭のなかで生活することによって社会の荒波から隔離されて保護されていなければならない。
　一般家庭では，多くの場合，両親の愛情によってこの役目が保障されている。
　施設では，施設の形態がどうであれ，とうてい一般家庭にはおよばない。この点では里親制度は，施設よりはるかに優れている。
　第二の意味においては，家庭のなかの子どもは社会的圧力が直接子どもにかかるのではなく，親を通じてやわらげられるのである。これが家庭の「しつけ」であり，これによって子どもは，少しずつ社会化されていくのである。

7 小舎制の利点

　施設では，生活様式や集団が一般家庭と比べて大きいために地域社会のなかでの生活の場や経験に触れることなく，一般的生活認識が乏しく人間的社会的関係が狭いままに育ち，社会性の欠如が，社会へ出たときの不適応を起こす一要因となる。そうした状況をふまえ施設処遇のなかで社会生活の経験や社会関係をどこで広げていけるかを十分に検討し，処遇のなかで展開させ，深めてい

くことが施設児童の自己実現をめざす基本であろう。そのためには少しでも施設の生活環境を小規模化し社会化することが大切である。小舎制やグループホームは，大舎制の施設とくらべ次のような利点がある。

(1) 個別的養護が可能である。
(2) 施設のように特殊な環境のなかで養護されるのでなく，一般地域社会にとけこんだ普通の住宅で養護されるため，社会の一員として育まれる。
(3) 大舎制施設にしばしばみられる連続的保護過剰の弊害を軽減させることができる。
(4) 被虐待児は，生活のなかで傷ついてきた子どもであり，生活のなかで傷ついた子どもは生活のなかで癒していくことが効果的である。
(5) 成人後において自分自身の家庭像を形成せしめる。

8 小規模ケアの課題

(1) 職員の孤立化をどのように防ぐか

小規模化を推進するときにもっとも配慮が必要なことは，職員の孤立化をどのように防ぐかである。小規模グループケアでは，大舎制のローテーション勤務と比べると1人の職員が抱えなければならない業務と責任は増大し，適切なサポートが得られないと職員がバーンアウトしてしまう危険性がある。

生活（養育）単位の小規模化の推進にあたっては，職員体制の連携強化策（組織化）が必要である。特に職員体制として，担当者にすべてをまかせることは職員の負担を増大させ施設全体の方針や意思が伝わりにくくする。そのためには，風通しの良い施設運営の下，職員をサポートするスーパーバイザーの存在が必要不可欠である。

(2) 職員の資質の向上

生活単位の小規模化が進むと，子どもと職員の関係が濃密化され，1人ひと

りの課題性が明確になる。子どもの課題性と向き合うためには職員の技量が問われる。技量のない職員は子どもを受け止められず，子どもの要求を受け止められなくなる。生活単位の小規模化を推進するためには，職員の個人的な価値観で養育をするのではなく，施設の理念や養育方針を理解しその方針に従って全職員がチームで子どもと相対するという体制づくりが必要である。そのための職員研修体制の体系化が急がれる。

（3）組織の意識改革

虐待を受けた子どもは，その内容や頻度，年齢により差はあるものの，対人関係を築くことが苦手であり，乱暴な言動やパニック，不自然な行動をとるなど心身にその後遺症ともいえる症状が出る。これは，本来もっとも愛されるべき保護者から攻撃され続けてきたことから起きる愛着障がいであり，回復には心理的な治療や専門的なかかわりを一定期間続け，心の傷を癒す取り組みが必要である。これらの児童への対応としては，なにより落ち着いた環境のなかで，個別のかかわりにより，安心できるおとなとの関係を築くことが大切である。

被虐待児童を施設でケアしていくには，児童の安定を図るために，より小集団で生活が完結できるような小規模なケア単位に変えていく必要がある。

（太田一平）

■参考文献
全国児童養護施設協議会（2010）「児童養護施設における養育単位の小規模化プロジェクト報告書」
全国社会福祉協議会養護施設協議会（1981）『養護施設ハンドブック』全国社会福祉協議会

9章 親とのかかわりにおける養育と家族再統合

　全国社会福祉協議会が2008年3月に実施した調査「社会的養護施設に関する実態調査」によると，両親ともいない・不明の子どもの割合は9％であり，ほとんどの子どもに実父母もしくはその父もしくは母がいることが示された（図9-1）。児童福祉法が成立した当時（1947年），児童養護施設の対象者は主に戦災による遺児や「浮浪児」であり，その多くが親のない子どもであったことを考えると，入所児童の状況が大きく変わってきたことが伺える。現在，児童養護施設には，子どもへの日常生活のケアはもちろんのこと，その子どもの親といっしょに子育てをすること，そして家族の再統合への援助が求められるようになってきたといえる。

　私が勤める神戸少年の町は，20年ほど前まで，親の家に定期的に帰省でき

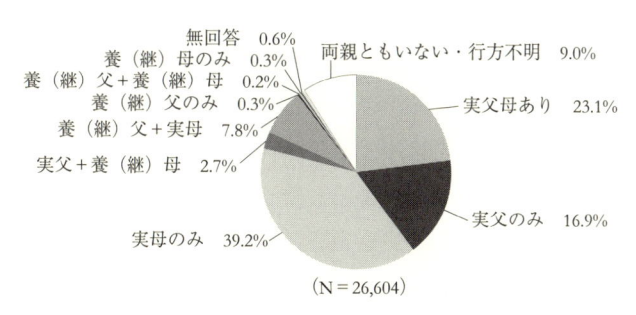

図9-1　児童養護施設に入所する子どもの保護者の状況
出典：「平成19年度社会的養護施設に関する実態調査」（2008年3月1日現在）

- 無回答 0.6%
- 養（継）母のみ 0.3%
- 養（継）父＋養（継）母 0.2%
- 養（継）父のみ 0.3%
- 養（継）父＋実母 7.8%
- 実父＋養（継）母 2.7%
- 実母のみ 39.2%
- 両親ともいない・行方不明 9.0%
- 実父母あり 23.1%
- 実父のみ 16.9%
- （N＝26,604）

る子どもはほとんどいなかったそうである。ほんのひと握りの子どもは帰省できたようだが，その子どものみを特別扱いすることはせず，施設で帰省期間というものを盆と正月に作り，そのときのみ帰省を許可していた。これはほとんどの子どもが帰省できないことから，子ども同士の関係に悪影響が出ないよう配慮した結果であった。引き取りが近い子どもについては特例もあったようだが，盆と正月以外は施設での生活を最優先させ，施設が生活の中心になるようになされていたようである。このような体制では，施設は親への配慮をする必要性はなく，子どもの生活を守ることにその援助は集中されることになる。少年の町は約80名の子どもを抱える大舎制養護だったこともあり，施設内での作業やスポーツ活動が積極的になされていたようだ。

　現在の神戸少年の町はどうであろう。2001年に大規模改修工事を行い，10名程度に分かれて生活する小舎制へと移行した。全国の動向と同じく，親のいない，つまりは帰省できない子どもはむしろ少なくなったため，施設で決めた帰省期間はなくなり，個別のニーズにあわせ親との面会・外出・外泊を行うようになった。神戸少年の町でも，個別のニーズにあわせた面会・外出・外泊は職員の援助に大きな変化をもたらした。それは，子どもだけをケアしておけばよいという援助から，親への対応が求められるようになったのである。

　職員の業務は親への連絡に多くの時間が割かれるようになった。業務日誌でも，子どもの親に，どのような連絡を行ったのかを記述する割合が増えた。そして施設でのトラブルも，子どもとの関係において生じるものより，親との関係において生じるトラブルがむしろ多く，かつ深刻になってきたのである。親とどのようにかかわっていくのかということが重要となってきたのだ。

　親とのかかわりが増えただけではなく，親に対する特別な配慮が必要となったのが現状である。特別な配慮が必要となった理由の1つとしてあげられるのが子ども虐待を理由として入所する児童の増加だといえる。まずは入所理由の変遷からこのことを考えたい。

1　子どもの入所理由の変化

　1981年に厚生省（現在の厚生労働省）児童家庭局が行った『養護児童等実態調査の概要』によれば，子どもの入所理由の39.7％が「父母の死亡，行方不明」であり，「父母の性格異常・精神障がい，虐待酷使，遺棄」があわせて11.1％であった。それが，2008年になると，入所理由として上位にあげられるのは，父または母の「放任・怠だ」及び「虐待・酷使」そして「養育拒否」といった児童虐待問題であり，父または母の「精神疾患等」を合わせた，親の病気が高い割合を示している（p.15表1-1参照）。つまりは，子どもだけでなく，その親へも特別の配慮をもってかかわらなければならないケースが増加したのである。このことが先ほど紹介したように，施設でのトラブルが親との関係において生じるものが多くなり，かつ深刻化している原因と考えられる。

　2000年に児童虐待防止等に関する法律が施行されたことを受け，入所児童における被虐待児童の割合は増加している。現在児童養護施設に入所する子どもの53.4％が被虐待体験をもっている（これは施設入所後に虐待を受けていたと判断された子どもを含む）ことも報告されている（p.17表1-2参照）。子ども虐待は親がいるのにもかかわらず，その親からの不適切な養育から子ども虐待問題が発生し，入所となる。そして子ども虐待のケースでは家族再統合がその援助の目標となるのである。家族再統合では，親からの協力が必要となり，親からの協力を引き出し，その家族のあり方を変化させていくことが求められるのだが，援助が難しいことが多い。それは子ども虐待のケースゆえの特殊性があるからである。

2　子ども虐待の特殊性

　一般的に，子ども虐待の家族の再統合への援助は難しいといわれる。その難しさの一番の原因として取り上げられるのが，子ども虐待をする親の多くが援助を必要だと認識していないことである。

エイザー（Azar, 1989）は子ども虐待をする親への援助の難しさを以下のように整理している。子ども虐待は親の行動上の問題（虐待行為そのもの）が主題であるのにもかかわらず，虐待行為といった問題行動が，虐待行為をしている親自身がその問題によって被る影響のためではなく，子どもへと及ぼす影響のために関心がもたれるという点が他の問題とは異なるのである。つまりは本人がその問題により被害を受けないので，問題を認識させることから，援助をはじめなければならないことが援助関係を結ぶことを困難にさせるのである。
　つまりは，子ども虐待という問題は，虐待をしている親ではなく子どもへの影響において問題となるものであり，親は虐待において自らが困ることはないということである。
　兵庫県中央こども家庭センター企画指導課が2004年に兵庫県内のこども家庭センターが虐待と認定した817件において調査した報告（神戸新聞，2006年12月4日）では，虐待の背景として，「育児疲れ」（168件20.6％）や「育児不安」（138件16.9％）はそれぞれ2割程度にとどまっており，「育児に疲れている，不安だと状況や気持ちをしっかり伝えてくれるケースはまれで，保護者と信頼関係を築くのはかなり難しい」とのコメントが紹介されるなど，親が自分自身が援助を必要としているとの認識をもつことがまれである現状を報告している。つまりは，親自身が自分が変わらないといけない，そのためには援助が必要だとの認識をもつケースが少ないということである。この援助を必要としないという子ども虐待のケース特有の問題は援助関係にさまざまな影響を与えるのである。

③ 援助関係の形成

　子ども虐待のケースでは親自身が援助が必要だとの認識をもつことが少なく，それが援助関係を結ぶことに困難さをもたらすと紹介したが，そもそも援助関係とはどのようなものであろうか。ここでは，援助関係を考えてみたい。
　援助関係には2つの要素が必要となる。1つの要素は援助を受ける側，もう

1つの要素は援助を行う側である。社会福祉での援助の場合，援助を受ける側は生活上の問題をもち，その問題を解決したいというニーズをもち，その問題を解決してくれる援助を求めていることがその前提になる。そして援助を行う側は，援助を受けるひとが解決したい生活上の問題を解決するサービスが提供できることが前提である。そしてこの援助を行う側は，援助を実施する個人だけでなく行政や施設等の社会福祉サービス機関となる。そして援助関係が形成される状況とは，援助を受ける側のニーズと援助を行う側のサービスがうまく合致したときである。

　援助関係の形成に必要な要素を考えると，子どもを虐待する親と援助関係を結ぶことの難しさが明らかとなる。それは第一に子ども虐待をする親に問題を認識させること自体に困難さがあり，生活上の問題をもってその問題を解決したいというニーズがないからである。そのため，援助関係をはじめるその入り口にも入れないケースが多く存在してしまうのである。

　たとえば，身体的虐待のケースで，親がしつけとして叩いているだけで子ども虐待ではないと言い張る場合等である。しつけか虐待かという見きわめは難しい。それはしつけがエスカレートして子ども虐待になっているケースがほとんどで，親はしつけの一環として行っているという認識だからである。この場合は，児童相談所への通告，そして子どもの強制保護という形を取らざるをえないのであるが，援助を受ける側が，そもそも子どもを施設に保護し，養護して欲しいというニーズをもっていないので，援助をする側との関係がぎくしゃくするのが当然である。児童相談所や施設は行き過ぎたしつけを子ども虐待ととらえ，子ども虐待の結果，傷ついた親子関係へのダメージを修復するための援助を開始すべきだと考えるのであるが，それは援助をする側の論理であり，援助を受ける側には受け入れるのが難しいことが多い。子どもを帰せ，帰さないということばかりが先行し，援助関係の入り口からぎくしゃくすることが多い。

　また，はっきりと子ども虐待であるといいきれないケース等で，施設入所後に，親との援助関係を形成することが難しいことがある。これは，同意入所を

前提とする現行の制度上の問題ともかかわるのであるが，親の同意を取るために，子ども虐待という問題を曖昧にし，親の育児疲れや子どもの問題行動のために入所が必要であるとした場合である。この場合も，援助関係の形成が難しくなる。それは，援助を受ける側と援助を行う側が受け止めている入所理由が違うからであり，お互いに思う必要な援助が異なるからである。親の育児疲れが理由で入所した場合，親が「育児疲れがなくなった」といえば，原則からいうと子どもは家庭復帰することになる。しかし，援助を行う側は，子ども虐待の問題，親の不適切な養育スタイルが変わっていないので，家庭復帰は望ましくないと考えるなら，そこで齟齬が生じる。また，子ども虐待を曖昧にし，子どもの問題行動を一番の入所理由とした場合も同じようなことが起きる。それは，援助を受ける側である親は入所理由である子どもの問題行動を治療することを施設に求めることになるが，援助を行う側が親の虐待行動が問題であるととらえると，親の虐待行動が治療の焦点にあると考えることになり，お互いにニーズとサービスが合致しないことになる。お互いのニーズとサービスが合致しない状況はお互いの関係にフラストレーションを生じさせるので，お互いの関係がぎくしゃくする。つまりは援助関係の形成がなされないという事態になりやすいのである。これらの状況は，いずれも子ども虐待をする親が子ども虐待を認めない傾向にあり，親自身が援助を必要としているとの認識をもちにくいという特徴と関連しているといえる。

4 子ども虐待の背景

　上記で，子ども虐待をする親とのかかわりの難しさを援助関係の成立ということから考えた。そこでは援助を受ける側のニーズと援助を行う側のサービスが合致しないことが援助の難しさを導くことを解説し，その大きな要因の1つとして，親が子ども虐待を認めない傾向にあり，親自身が援助を必要としているとの認識をもちにくいことをあげた。では，次に，子ども虐待の背景となるものを見ながら，この傾向になる要因を考えたい。

子ども虐待の結果，施設入所にまで至ってしまう子ども虐待のケースをみるとき，そこには単純に行き過ぎたしつけの結果，身体的虐待になってしまったということや，単純に子どもを放置した結果，ネグレクトになってしまったということではない，つまりは子ども虐待をする親自身のパーソナリティにすべての問題の所在をもっていくことはできないことに気づかされる。それは子どもを虐待する親が生活苦などのストレスを多く抱えていることが多く，親自身もさまざまなことから追い詰められていることが多いからである。

　つまりは，子ども虐待問題には社会経済的な問題が横たわっており，社会経済的な問題から生み出される生活の苦しさが子ども虐待の契機になっているということである。つまりは貧困の問題がその背景にあるのである。そして，これら生活苦をもった親が子ども虐待をきっかけとして，子どもを施設に預けざるをえない状況になるというのが現状である。

　先ほども紹介した兵庫県中央こども家庭センター企画指導課が行った調査によると，兵庫県内で発生した虐待のうち，約4割の家庭が生活保護を受けるなど経済的に困窮していることが示された。現在児童養護施設に入所する子どもの約6割が被虐待体験をもっている子どもであることを考えると，虐待が発生した家庭の状況は児童養護施設等に入所した子どもの家庭状況を反映していると見ることができる。

　このときの神戸新聞（2006年12月4日）の見出しを見ると，「格差社会子どもを直撃」とあり，虐待が発生する家庭が社会・経済的リスクが高いことを示した。2004年度に兵庫県内のこども家庭センターが虐待と認定した817件のうち，生活保護を受給している世帯は119件であり，借金などがあり「経済的に困窮している」と表明している家庭も200件あり，両方合わせると319件（39.0%）であった。また，虐待者が精神的疾患や障がいで入院，通院歴があるケースは166件に上り，アルコール依存症や薬物中毒，一般的な疾患を加えると，285件（34.9%）であった。先ほど紹介した「社会的養護施設に関する実態調査」（全国社会福祉協議会，2008年3月実施）では，子どもの養護問題発生理由として子ども虐待問題がその上位にあると報告したが，近年は「破産等の

9章　親とのかかわりにおける養育と家族再統合

経済的理由」の割合も高くなってきているのがその特徴といえる。施設に入所している子どもの親が児童虐待問題を中心に多くの経済的困難を抱え生きているのである。

　浜本（2008）によると，子ども養護問題や児童虐待の背景として，親の貧困問題は大きく，入所児童の親の多くが，貧困問題と不安定な雇用問題を抱えていると報告する。親の就業は臨時雇用が多く，建設業や飲食業，風俗店などのサービス業で，低賃金や就業勤務形態が深夜に及ぶなど，待遇面でも不利な状況に置かれているとの指摘もある。児童養護問題は，その時代の社会の抱える矛盾や問題を背景としており，ワーキングプアや経済的格差と貧困家庭の連鎖，DV，子ども虐待等，いま社会的に課題とされていることがそのまま子どもの入所理由にも当てはまるのである。

　このように子ども虐待の背景を見ていくと，私たち援助者はこれらの問題をそれぞれの家庭や個人の問題に求めるのではなく，日本の不況が長引く中，「格差社会」といった社会的な問題が一番力の弱い子どもに虐待や施設入所という形で影響を与えていることを認識する必要性があることを知るのである。

5　子ども虐待と貧困

　先に，子ども虐待の援助を難しくする要因として，親が子ども虐待を問題であると認識することが少なく，援助を必要としないことをあげたが，この傾向には貧困問題が関係していると考えることができる。それは貧困の問題，つまりは経済的に困窮している生活をせざるえない状況では，子どもの問題にかまっていられないという状況を生み出しやすいからである。生活をどのように維持するかということが最優先され，子どもの健全な成長に必要な環境を整えることは後回しにされやすい。そして，このような状況では，子どもへのしつけは暴力的になりやすい。それは，子どもの問題に向き合う余裕がなく，より即時的な効果が得られる方法で子どもをしつけようとするからである。即時的とは，すぐに効果があるという意味である。子どもをしつける方法はたくさん

ある。言ってきかせることもそうであるし、暴力、つまりは叩いてしつけることもその方法である。多くの場合、言ってきかせる方法は時間がかかり、暴力的なしつけをとると、その場ではすぐ子どもが言うことをきくことが多い。実は、その場では子どもが言うことをきくことがポイントで、暴力では子どもの本当の理解を導くことができていないことが多いので、この場合、問題は繰り返されやすい。「まだわからないのか」と暴力がエスカレートすることにつながりやすく、虐待を引き起こす契機となるのである。

　また、暴力的なしつけには親の苛立ちが大きく関与していることも知られている。子どもの問題行動は親の苛立ちを引き出し、その苛立ちが頂点に達するとき、子どもへの暴力となって吐き出されることは多い。生活上のストレスだけでも、親が苛立ちを抱えやすいところに、子どもの問題行動が起きるとどうであろうか。親は問題行動を起こす子どものやるせなさに、苛立ち、そして暴力という方法で子どもをしつけることが多くなるのである。これら両方の場合において、親に現在起こっている子ども虐待の問題が親自身の問題であると認識させるのは難しい。それはその両方で問題は子どもの問題であり、しつけとしての暴力を振るわせる子どもが悪い、また親を苛立たせる子どもが悪いということになる。

　これをまとめたのが、図9-2親子関係における子ども虐待のバッドサイクルと生活ストレスである。図が示しているのは、上層階つまりは、虐待として発生する暴力的なしつけが生まれる親子関係のメカニズムとそれを維持（下支え）する下層階である生活上のストレスの関係である。この図が示しているのは、問題としてあがってくる身体的虐待は親子関係から生じるストレスが原因と見られるのであるが、実はそれを下支えする生活上のストレスが存在するということである。下層階にすでに生活上のストレスがあるので、親の苛立ちは少しのことで上昇しやすいばかりでなく、余裕をもってしつけをすることがしにくいので、暴力的なしつけになりやすいということである。そして、この下層階の下支えの下で、子ども虐待のバッドサイクルが維持されるのである。

　子ども虐待のバッドサイクルを解説する。子どもの問題行動に対して、親が

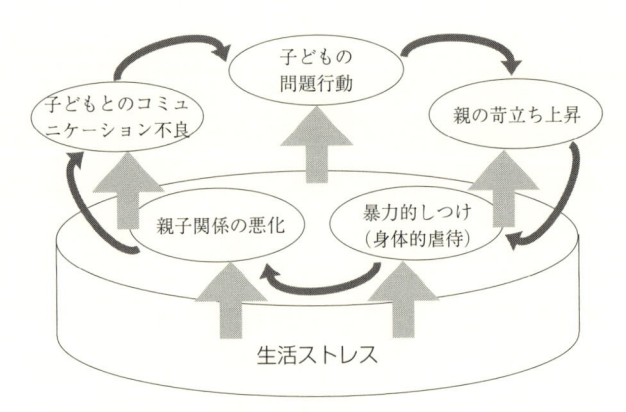

図9-2 親子関係における子ども虐待のバッドサイクルと生活ストレス

　暴力的なしつけを行っていると、親子関係にダメージが生じることにつながることが多く、親子関係が悪くなる。するとその分、子どもとのコミュニケーションがうまくとれないという状況、つまりは子どもとのコミュニケーション不良の状況になりやすくなる。そのため、子どもに親の意図がうまく伝わらないので、子どもはどのように振る舞ってよいのかがわからないことになる。その結果として子どもの問題行動が増えることになる。また子どもの問題行動が増えると、親の苛立ちが上昇するので、暴力的なしつけが行われることが多くなるというものである。そして暴力的なしつけにより、さらに親子関係にダメージが積み上げられるということになり、どんどん子どもの問題がエスカレートしていくのと同時に、親の暴力もエスカレートすることになり、身体的虐待につながってしまうのである。

　どこかで、このサイクルを絶つことができればよいのだが、子ども虐待の多くの場合、先ほども述べたように生活ストレスの下支えがあるので、そのサイクルを変えるのがより難しくなる。

　援助の方向性としては、暴力的なしつけではない適切なしつけをとらせることにより、親が子どもとうまくコミュニケーションできる方法を身に付けることにより、子どもの問題行動を減少させ、そのことにより親の苛立ちが少なく

なり，その結果，適切なしつけがますます用いられるようになり，親子関係が改善され，その状況がより良い親子のコミュニケーションを強めるといったサイクルを生み出すということである。親子関係のグッドサイクルの実現である（図9-3）。

　虐待をする親への支援として，ペアレント・トレーニングの有効性があげられることが多い（野口，2008等）。ペアレント・トレーニングとは親訓練とも訳されるもので，親に行動療法等の理論にもとづく具体的なしつけの仕方（暴力を使わない適切なしつけ）を教えることにより，親子のやり取りを見直し，親子関係の修復をはかるプログラムである。つまり虐待のバッドサイクルを絶ち，親子関係のグッドサイクルに導くプログラムである。ペアレント・トレーニングとしては，児童養護施設で開発されたコモンセンス・ペアレンティングがよく知られる（野口，2009）。

　しかし，現実的には，これらのプログラムの実施にまで結びつけるのが難しいケースが多い。それは，プログラムが必要であると認識する親が少ないからである。援助関係の成立がこれまで解説してきたように難しいのである。

　援助プログラムを受ける親の特徴としては，「親が虐待を認めること」「支援側と親との信頼関係があること」「支援を受けるための動機付けがあること」があげられる（才村ら，2006）。これらの要因を満たすことがプログラム実施の要件となるのである。しかし，これら3つの要因がそろった場合，プログラム実施後の親子関係の改善度は非常に高く，家族再統合に結びつくことが多い。

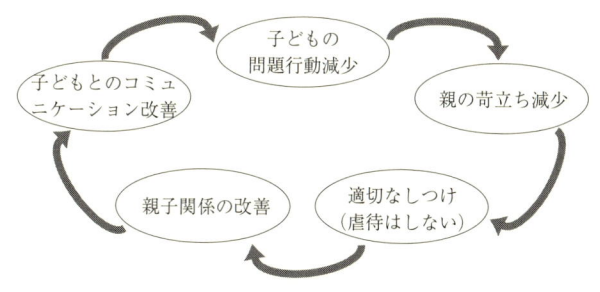

図9-3　親子関係のグッドサイクル

6　家族再統合への援助

　児童養護施設等の施設では，子ども虐待を理由に入所する子どもが増加してきたため，親がいる子どもが多くなり，親へのかかわりが増えるのと同時に，その援助が難しくなったことを解説した。子ども虐待のケースの場合の援助のゴールとなるのは，家族再統合へ向けた援助である。親がこれまでしていた子どもへの虐待行動を止め，親子関係が改善し，子どもが親といっしょに再び暮らせるようになることが目標となる。

　もちろんこれまで解説してきたように，家族再統合が難しいのが現状である。しかし，いくつかのポイントがある。それは，援助プログラムを受ける親の特徴としてあげられた3つ，「親が虐待を認めること」「支援側と親との信頼関係があること」「支援を受けるための動機付けがあること」である。図9-2の「親子関係における子ども虐待のバッドサイクルと生活ストレス」で示したように，親子関係における子ども虐待のバッドサイクルが貧困を原因とする生活ストレスによって下支えされ，維持されるので，「親が虐待を認めること」「支援を受けるための動機付け」をさせるのは難しい。しかし，われわれにできることはある。それは「親との信頼関係」の構築である。そしてわれわれとの信頼関係が構築されれば，親が虐待を認め，支援を受けようとの動機付けにも進める可能性が高くなる。

　信頼関係の構築も簡単なものではないが，子ども虐待をした親，子どもを入所させてしまった親が置かれている状況を理解し，共感的な援助を行うなら，それは可能となるのではないかと思われる。

　もちろん，施設に預けた親は子どもとの約束（面会や外泊）も守れないかもしれない。施設職員は，親に会うことを楽しみにしていた子どもが裏切られるのを見て，いたたまれない思いをするかもしれない。また，親に生活改善（家の清掃や生活リズム）を求めるのだが，一向に改善されず，子どもの引き取りが伸びてしまう親の状況に苛立ちを感じるかもしれない。また，繰り返し述べてきたように子ども虐待の原因を子どものみに負わせ，自らを正当化する親も

いよう。子どもの状況に怒りをもつことも施設職員としてあろう。しかし，そこで思い出してもらいたいのは，多くの親が貧困問題を抱え，格差社会のダメージを負っていることである。子ども虐待は許されるものではない。しかし，親にも人権があることを思い，1人の人間として，尊重していることを示すなら，社会から受けている不平等感（劣等感）ではない感情を相手に芽生えさせられるのではないか。社会的養護に子どもを預けることは親のもつ不平等感を刺激する出来事である。だからこそ，施設職員に求められるのは，そういった弱い立場にある人の受け止めである。私たち施設職員にとって，子どもの受け止めはやりやすい。しかし，現在求められるのはそれだけではない。親子の受け止めである。ハードルは高いかもしれないが，がんばっていきたい。

（野口啓示）

■引用文献

Azar, S.T.（1989）Training Parents of Abused Children. In C.E. Shaefer & J.M. Briesmeister（Eds.）Handbook of Parent Training Parents as Co-Therapists for Children's Behavior Problem. NY:John Wiley & Sons.

浜本慶浩（2008）「施設で暮らす子どもたち」STARS（資生堂児童福祉海外研修同窓会）編集委員会編『ファミリーソーシャルワークと児童福祉の未来──子ども家庭援助と児童福祉の展望』中央法規, pp.31-45.

神戸新聞（2006）「格差社会子どもを直撃」「虐待家庭4割『経済的困窮』」2006年12月4日日刊

野口啓示（2008）『被虐待児の家族支援──家族再統合実践モデルと実践マニュアルの開発』福村出版

野口啓示（2009）『むずかしい子を育てるペアレント・トレーニング』明石書店

才村純ほか（2006）『児童相談所における児童の安全確認・安全確保の実態把握及び児童福祉法第28条に関わる新たな制度運用の実態把握に関する調査研究』財団法人こども未来財団

山上敏子・大隈紘子（監訳）（1996）「被虐待児の親訓練」『共同治療者としての親訓練ハンドブック』二瓶社, pp.561-597.

10章 児童養護施設における発達障がいや虐待が背景にある子どもの自立支援について
——よりよい社会生活を営めるために

　現在児童養護施設において，被虐待体験だけでなく発達障がいやその疑いのある子どもの入所割合が増えている。厚生労働省が全国の児童養護施設等を対象に，5年おきに実施している調査によれば，2008年2月1日現在，児童養護施設の入所児童31,593名中，被虐待経験があるのは16,867名（53.4%），発達障がいを含む障がい等があるのは7,384名（23.4%）という結果が出ている。

　近年とくに発達障がいに関する認識が深まり，視覚的な情報や手がかりを補助的に用いるなど，個々の子どもの特性に応じた支援技術が導入されている。発達上課題のある子どもへの日常的な対応の工夫はもちろん支援の大切な要素である。しかし発達障がいそのものは治るものではなく，施設入所中あるいは退所後（18歳以降）に必要な支援がない場合は，就学や就労・住まいの確保の困難，虐待の再生産，詐欺被害の犯罪に巻き込まれるなどの生きにくさが危惧される。子どもの長い将来を見すえた家庭関係の調整や関係機関との連携，地域資源の活用などが支援の重要な要素であると考えられる。本稿では発達障がいなどに関する神奈川県内の児童養護施設と筆者が勤務する児童養護施設唐池学園の実態をおさえたうえで，標記のテーマについてソーシャルワークやコミュニティアプローチの視点から，事例を通じて考えていきたい。

1 神奈川県の児童養護施設における発達障がいに関する実態

　2009年7月，神奈川県児童福祉施設協議会調査研究委員会が県内の26児童養護施設などを対象に，「特別な支援を要する子どもの調査」を行った。施設職員が主に回答している。

　本調査結果は，2002年文部科学省「通常の学級に在籍する特別な教育的支援を必要とする児童生徒に関する全国実態調査」のデータを一般集団として比較し，児童養護施設に入所中で通常学級に在籍している小・中学生（864名）について提示している。

　「学習面か行動面で著しい困難を示す児童」の割合は文科省調査の6.3％に対して，施設では36.9％あり，6倍という大きな差がある。

　「学習面や行動面の各領域（A：「聞く」「話す」「読む」「書く」「計算する」「推論する」に著しい困難を示す　B：「不注意」または「多動性－衝動性」の問題を著しく示す　C：「対人関係やこだわり等」の問題を著しく示す）で著しい困難を示す児童」の施設での割合も，文科省調査と比較して6～17倍というたいへん大きい差が出ている。

　「学習面や行動面の各領域で著しい困難を示す児童の学校及び施設適応の状態」は，学校・施設とも適応状態が良いほど前記の児童の割合は少なく，逆に悪いほど割合が多いという関連が示されている。

　また，児童養護施設に入所中で特別支援学級に在籍している小・中学生の割合は，全国の小・中学生の約1.1％に対し，13.5％とかなりの高さである。知能指数が70未満の子どもの割合は，小・中学生1,001人中6.5％，高校生を含めた1,229人中8.1％であり，理論推定値2.2％より高くなっている。そのため児童養護施設における知的障がいのある子どもに対する特別な支援の整備を課題としてあげている。

　今回の調査結果から，発達障がいの視点を考慮した支援の必要性，児童養護施設がある学区の学校に対する職員配置などの特別な配慮，特別な支援を行うための学校と施設との連携，教育と福祉の横断的な施策の整備などを提言している。

2 当園における発達障がいと虐待に関する実態

　2009年6月当園において在籍中の子ども（59名）を対象に，発達障がいと虐待に関する実態調査を実施した。支援困難な子どもの増加によりさらに詳細な状態把握の必要性が高まったことから，支援の質を向上させることを目的としたものである。

　調査結果は，発達障がいが認められる子どもは22名（37.3％）[1]，その疑いのある子どもをあわせると33名（55.9％）である（表10-1は障がいやその疑いが複数ある子どもがいるため，延べ人数で示している）。

　関連する実態としては，学区の小学校で特別支援学級に所属している生徒9名中，当園にいる子どもは5名，学区の中学校のそれに所属している生徒6名中，当園にいる子どもは3名いる。特別支援学級内で当園にいる子どもたちがグループ化している現状があり，学校側の負担も大きく中長期の課題が横たわっている。また養護学校高等部へ通学している子どもが1名，精神科通院している子どもが9名いる。

　約10年前から虐待が主訴であると児童相談所が認定した，ケースの入所割合が増えている。本調査では虐待を主訴として入所している子どもは37名

表10-1　障がいに関する調査（n＝59，複数回答）

障がいの種類	人数
軽度知的障がい	5
境界線級知能	13
境界線級知能の疑い	2
広汎性発達障がい	3
広汎性発達障がいの疑い	7
注意欠陥多動性障がい	1
学習障がいの疑い	5
統合失調症の疑い	1
心的外傷後ストレス症候群の疑い	1

【注】
※ 知的な問題についての「疑い」は適切な知能検査による最近の判定がなく，学習の様子・成績・日常場面の観察にもとづいた推測であることを示している。
※ 「広汎性発達障がいの疑い」は正式な医学診断を受けていないことを示している。
※ 「学習障がいの疑い」はWISC-Ⅲによる判定を欠いているが，学習の様子・成績・日常場面の観察にもとづいた推測であることを示している。
※ その他の精神科診断領域につけられた「疑い」は正式な医学診断を受けていないが，当園の臨床心理士が検討した結果，該当する可能性があることを示している。

(62.7%) おり，近年は主訴のほとんどすべてが虐待である。

さらに近年の傾向として，発達障がいおよびその疑いのある子どもの入所割合が急増していることがあげられる。

表10-2 には発達障がいと虐待の関連が表されている。発達障がいおよびその疑いのある子ども 33 名（100.0%）のうち，虐待の被害にあっている子どもは 24 名（72.7%），そうでない子どもは 9 名（27.3%）である。当園入所児童の数が統計的な処理を行うには足りないので，この差が統計的に有意であるかどうかをいうことはできないが，発達障がい児が同時に被虐待児であるケースは多いと思われる。

発達障がいと虐待の因果関係はさまざまなとらえ方が可能である。まず一般的には，①発達障がい児は，障がいの影響で育てにくいことが多いために養育者が虐待に至りやすいということがある。育てにくい子をしつけようとする養育の延長線上に虐待が起こるケースである。

次に，②虐待の影響で子どもの発達に不可逆な問題が生じたために，障がいが残るケースがあることも近年指摘されている。たとえば，乳幼児の発達には月齢に応じた適切な世話と刺激が必要であり，それを欠いた場合心身の発達が阻害されてしまう。しかしこの場合，その子が素質的に健常であったのに虐待によって発達が阻害されたのか，もともと発達の問題をかかえていたのかを，後になって見分けるのはほとんど不可能である。①と②の両方の要因があり，悪循環に陥ったのではないかと考えられる場合も少なくない。

表10-2　発達障がいと虐待の関連に関する調査

	虐待が主訴で入所している子ども	虐待が主訴ではなく入所している子ども	合計
発達障がいおよびその疑いのある子ども	24 名（40.7%）	9 名（15.3%）	33 名（55.9%）
発達障がいおよびその疑いのない子ども	13 名（22.0%）	13 名（22.0%）	26 名（44.1%）
合計	37 名（62.7%）	22 名（37.3%）	59 名（100.0%）

3 事例A　学校や関係機関，家族との連携

　Aは親の虐待を理由に乳児院に保護された後，当園に移行・入所した。
　本児はすべての移行児と同様に，入所前は「事前交流（慣らし保育）」を実施したが，当初は当園担当職員に近寄れず，隣で食事ができるようになったのは1年後のことであった。慣れない人の前では隠れたり硬直したりしていた。食事は一切手をつけなかったり，食べ物を手やテーブルの下で隠して食べたりするときがあった。他児とは安定的に過ごせず，慣れた職員には身体接触を強く求め，のべつ幕なし話しかけ会話にならないことがよくあった。気に入らないことがあると，どこでスイッチが入るか，突然激怒し，睨（にら）む，いじける，暴言，虚言，被害妄想，職員や壁を蹴る，外に飛び出すなどの行為があった。
　職員はネガティブな言動には関心を示さず，落ち着いたところを見計らってかかわった。本児には平時に，興奮しているときは接することはせず気持ちが落ち着いたら接するねと説明して，本児なりに理解していた。同部屋の他児にも本児がパニックになった際は見守り，危ないことがある場合は職員に知らせてほしいと説明し，協力を得た。
　幼稚園での2年間は他の子と一緒に行動はできたものの，一言も発しなかった。就学前に職員が学校を訪ね，学校の先生に本児の状況を説明して，本児への理解と支援の協力を依頼した。当園では，就学児や新規入所児の状況について必要に応じて児童相談所職員や前在籍校の先生とともに学校を訪ね，同様の取り組みを行っている。また幼稚園，小・中学校の先生と毎年1回ずつ当園で連絡会を開き，両者の状況を情報交換し，当園にいる子どもへの理解と支援の連携を促進している。
　就学時から週1日は「言葉の教室」に通い，個別指導の時間をもった。本児なりの成長はうかがえたが緘黙（かんもく）は続いていて，小学校中学年から特別支援学級所属に変更した。先生とは毎日の連絡帳や必要に応じて連絡や面談をもち，情報を共有している。
　当園の臨床心理士とセラピーを開始し，精神科へ通院・服薬も始まった。そ

の頃から感情爆発による乱暴な言動や外への飛び出しはほぼなくなり，安定的な生活と対人関係をつくれるようになっている。また学校で言葉を発するようになった。

　一時帰宅の送迎の際，職員は家族と互いの状況を情報交換して，協力して本児を見守っている。児童相談所職員も家庭訪問して状況把握をしている。そして関係者で定期的にケースカンファレンスをもちながら，ケースの現状把握と支援の評価および方針修正を行い，本児への支援と家族再統合を進めている。

4　事例B　地域資源の活用

　Bは親の虐待（ネグレクト）を理由に，乳児院に保護された後，当園に移行・入所した。

　基本的には穏やかな性格ではあるが，他児に意地悪をしたり，些細な負荷で反射的に乱暴な言動をとったりすることが時折あった。初対面の人や慣れない場面でも馴れ馴れしくふるまったり，逆に過度に緊張して硬直したりすることもあった。また流暢に話をするが，物事を理解する力に欠ける部分があった。

　小学生になり，心身の健康増進と社会性が高まることを期待し，本児も喜んで希望したので，地域の少年野球チームへ入会した。幼児期よりボールを扱うのは上手だったことや，家族との交流がままならず長期入園が予測され，本児の自信や支えになるものを身につけてほしいという意図もあった。

　当初はチームメイトのプレイを揶揄したり，気に入らないことがあると怒鳴ったりしていたが，そんなときには，チームメイトやその保護者，コーチから叱られたり，なだめられたりしていた。中学年になり，下級生に対して次に行動すべきことを優しく促し，野球の動作を教えるようになった。チームメイトの保護者から，口は悪いところはあるけど面倒見がよくていいね，などと褒められている。

　職員は試合観戦や立ち当番などで本児だけでなく，入会している他の当園にいる子どもたちも見守っている。子どもの地域活動を通じて地域の人々とつな

がりが増し，子どもの背景や当園の取り組みを理解してもらいつつ，地域の人々と協力しながら子どもとかかわることができる。虐待家庭は地域から孤立している傾向があるが，この取り組みにより，地域の人々との支え合いを体感できる。

職員は日常生活で子どもの短所に目がいきがちになるが，子どもが野球をする姿を見に行き，一緒に野球をして，野球やそれにまつわることがらを話すことで，「野球に励む→頑張りを褒める→励む」という好循環を作り出せる。

本児は野球が上達し，友人や地域のおとなの関係が深まることで，課題である適切な対人関係のもち方も学習し，自信をつけていっている。また，テレビの野球中継や新聞のスポーツ欄を集中して見るようになり，野球に関する話をよくするようになっている。

ある日の夕飯時に，「将来はプロ野球選手になって，招待シートを作って職員や先生や親を試合観戦に招待したい」と笑顔で話していた。

5 事例C　長期的な見通しにもとづいた他施設への移行

Cは親の就労などを理由に当園に入所した。

当初からスローでマイペースな行動があったが，小学校中学年の頃から当園でも学校でも落ち着きに欠け，他の子とのトラブルが毎日頻発するようになった。

園では1人で過ごすことができず，常に人とのかかわりを求めていたが，それが他児にしつこくちょっかいを出す，嫌がらせをする，卑猥(ひわい)なことをくり返し言うなどの言動としてあらわれていた。気に入らないことがあったり注意されたりすると，暴言をはいたり，暴力をふるったり，他児や物へ八つ当たりをするなどの行動や，奇声を発したり，突飛なことをするなどの行動も見られ，調子のいいとき悪いときの差が激しくなっていった。心理・医学精査の結果，軽度の知的障がいが認められ，脳の乱れがあることもわかり，通院・服薬を始めた。

小学校高学年より学校は特別支援学級に所属し，中学校でも引き続き通った。学校では特別支援学級にいることを恥ずかしがり，通常学級でも落ち着いて授業に取り組めていなかったので，本児と先生と当園職員で必要に応じて話し合いをもった。

　中学生になっても毎日のように他児とのトラブルがあり，本児の体がかなり大きくなったこともあって，職員は目が離せなくなった。

　また，学校と当園で他児や職員の金品を盗むことが頻発し，善悪の判別よりも欲求が勝って，自分の衝動を我慢できない状態になってしまった。

　その根底には愛情飢餓による激しい怒りがあり，自信のなさも顕著だったので，職員は本児の甘えを受けとめ，長所や得意なところを褒めて伸ばしていくことを続けていった。また他児とトラブルが起きたらタイムアウトをして，気持ちが落ち着いた後に話し合った。同部屋に虐待が背景にある子どもが急激に増えたり，高齢児の威圧的な言動があったりして，子ども同士がたがいの言動に「反応」し合い，その結果暴言や暴力の応酬になり，その制止にしばしば時間が割かれる日常生活を続けさせてしまった。

　当園でも学校でも適応が難しく，家庭復帰が望めず，将来おとなになっても社会福祉のサポートの必要性が高いため，本人の状態に適した知的障害児施設への移行が望ましいと判断し，児童相談所とも方針を一致させた。その後は本児と家族と，障がい受容とサポート体制の必要性について話し合いを重ねた。他施設への移行についても話し合いや施設見学によって説明と合意の手続きをくり返し，移行が決定した。

　本児は新しい施設での生活に徐々に慣れ，他の子と落ち着いて過ごすようになった。数カ月後いままでの落ち着きのなさが嘘のように，本児は表情と行動に穏やかさを取り戻していた。当園とは夏・冬に当園に2～3泊するというかかわりを続けていた。

　成人年齢となってからは知的障害者施設へ移行し，日中は施設内でまじめに働き，穏やかな生活を送っている。時折当園に食事をしに来る。あるとき本人が，「○○（元担当職員）は長年子どもたちの生活を長い時間みているのに，学

園にいる子どもたちが（職員の思いを）どうとも思っていないのが悔しい」と気遣った。今後も当園とのかかわりは継続されるだろう。

　※事例A～Cについては個人情報保護のため，内容の一部を加工するなどの修正を行っている。

6　考察

　事例Aは，生活を送るうえで負荷がかかりすぎていた子どもが，状態に応じた環境を整備されていくことによって，適応的にふるまえるようになったものである。学校・関係機関・家族などとチームを組んで総力戦で臨むことの必要性が確認された。

　事例Bは，地域の方々との協働子育てによって子どもの成長が促されていることが示されている。職員は子どもの地域活動を通じ，地域で顔見知りの人が増えてさまざまなことを話したり，活動をともにしたりする機会が増したことで，職員自身の人生にも豊かさをもたらしている。そのことが子どもに影響を与え，相乗効果になっている。

　事例Cは，苦渋の選択ではあったが，子どもの長い将来を見すえたうえでの積極的な意味での措置変更であった。児童養護施設から満床状態である知的障がい児施設へ移行することはかなり難しい現状があり，発達障がいのある子どもの割合が急増している児童養護施設全体の課題である。

7　課題と展望

　発達障がいや被虐待体験のある子どもに適切に対応すべく，発達障がいや虐待に関する知識と支援技術を習得していくことはもちろん必要であるが，生きにくさを抱える目の前にいる子どもが施設入所中あるいは退所後によりよい社会生活を築いていくために，個別に応じた支援体制を組み立て積み上げていくことが肝要である。

とくに知能の高い発達障がいや境界線級の障がいのある子どもに対して，社会に出る際や出た後の社会福祉的な方策がほとんどないのが現状である。住まいや日中の活動の場を見つけにくく，支援の見通しを立てるのが困難であることは現場の切実な問題である。しかも被虐待体験があって親子分離されていて，親元に帰って生活できず社会に出ていかなければならない子どもならば，問題はさらに深刻である。

現代社会は変化がめまぐるしく高度化しているため，発達障がいのある人たちが生きにくい状況になっているのではないだろうか。彼らのニーズに十分に応えることができないのは社会的な問題であり，社会資源を充実させなければならない。

発達障がいや被虐待体験があって社会的養護を必要する子どもへ特別な支援ができる施設の新設や，そのような子どもを受け入れている既存の施設への機能付加などを求めたい。

（安部慎吾）

■引用・参考文献

土井髙徳（2010）『虐待・非行・発達障害　困難を抱える子どもへの理解と対応──土井ファミリーホームの実践の記録』福村出版

杉山登志郎（2007）『子ども虐待という第四の発達障害』学習研究社

杉山登志郎（2009）『子どもの発達障害と情緒障害』講談社

高田治（2009）「特別な支援を要する子どもの調査から──神奈川県児童福祉協議会調査研究委員会」『季刊　児童養護』Vol.40No.1, pp.46-47. 全国児童養護施設協議会

渡辺隆（2007）『子ども虐待と発達障害──発達障害のある子ども虐待への援助手法』東洋館出版社

■注

(1) ここでいう「発達障がい」とは，表10-1 で示されている「統合失調症」および「心的外傷後ストレス症候群」以外の障がいのことである。
「発達障がいが認められる子ども」とは，医師による診断および児童相談所児童心理司による WISC-Ⅲのプロフィールから，発達障がいが明らかにある子どものことである。

※本稿は，拙著（2010）『子どもと福祉 Vol.3』「特集　発達障害を再考する　子ども

たちがよりよい社会生活を営めるように施設ができること」pp.107-111. を加筆，編集したものである。

※当園では2005年度，ファミーソーシャルワーカーと小規模グループケアの加算による2名増員をきっかけに，現行の支援のあり方を見直す基礎情報収集を目的として，直接処遇職員17名の年間実働時間を調査した。宿直回数は1人月10回程度で，宿直時間含む月平均実働時間は323.6時間，宿直時間を含まなくとも268.3時間という長時間勤務の実態が数値で示された。

　しかしこれでも適切な支援を行うのには時間と人員がかなり足りないのが現状である。児童養護施設における支援の質的な問題だけでなく，量的な問題も看過することはできない。

コラム3　精神科との連携

　社会的養護を受けている子どもは，不適切な養育環境によるダメージに基因してさまざまな精神的，発達的課題を抱えている。生活場面で子どもたちと接していても，どこか「普通ではない」感覚を感じるだろう。現場のケアワーカーは目の前の子どもをどう理解してあげればよいのか，どう接してあげればこの苦しさから脱することができるのかという気持ちを抱えて，子どもを精神科に受診させるのだと思う。

　しかし，実際には医者によって診断名が違ったり，薬は出たけれどどう対応してよいかアドバイスがなかったり，どうも釈然としないという声を耳にすることが多い。さまざまな意見を総括すると，それはおのおのの世界を互いによく知らないことによるのではないかと思われる。

　精神科は他の診療科と違う点がいくつかある。まず現在精神科領域で一般に用いられている国際的な診断基準（ICD-10，もしくはDSM-Ⅳ-TR）は，着目された状態像に対し診断することとなっており，その状態が出現した経過や原因を問わない。よって診断名は，子どもの状態を説明してくれても，どうしてそうなったのかという答えは語ってくれない。また多面的・重層的なこころの問題の何に着目するかによって診断名が変わってくる。多くは主訴（一番困っていること）にもとづくが，社会的養護を受けて育つ子ども達の病態像が複雑で多彩なため，とても1つの診断名で語り尽くせない。これが医師によって診断名がたくさんついてしまう，もしくは異なってしまう理由となる。さらに社会的養護を受けている子どもたちの精神病理の解明はまだ初歩的段階で，多くは既存の知識を動員し，なんとか理解しようと試みている状況であることを申し添えておきたい。

　一方社会的養護の生活の特殊性はなかなか理解されにくく，慣れない医師は一般家庭と同様に考えがちである。まず，医療は個別に深く子どもをみようとはするが，集団生活のなかで子どもがどのように生活しているかということは想像しがたい。また児童養護施設，児童自立支援施設，情緒障害児短期治療施設など施

設種別ごとにどのような機能や特徴があるのかという点についても，周知されてはいない。さらに子どものこころの問題の背景には，現状の本人の病理や里親・施設での生活上のストレスとは別に，分離された家族の状況や思いなどが関与しているわけだが，この二重構造を理解するには，かなり深くケースとかかわった経験を要する。このような互いの職場の特殊性や子ども理解の複雑さが，連携を困難にしているのだろう。

この現状を打開するには，おのおのの環境に対する理解や，子どもの状態へのより深い考察が必要なのはいうまでもないが，互いの理解を近づけるために社会的養護を受けている子どもの心理的課題について生活現場と医療とが共有すべき1つのモデルを提示したい。

社会的養護を受けて生活する子どもには，「社会的養護を受けて生活することの受容」と「家族観をめぐる葛藤の解決」という2つの課題がある。多くの子どもが不適切養育家庭で生活していたにもかかわらず，社会的養護を受けて生活することに対して否定的で，自分はなぜ家族の元に帰れないのかと疑問に思う子どもが多い。社会的養護によるケアを受け，本来あるべき生活の心地よさや安心感を感じられるようになると，徐々に不適切な養育を与えてきた家族を客観視し，怒りをぶつけるようになる。怒りを感じながらも背後には期待や悲嘆があり，激しく葛藤する。この経過を経て，再統合に向けて親子が向き合えたり，また家族から距離をとって自立する方向を考えるようになる。

この2つの課題を意識し，子どもがどの段階にいるかを想像しながら現状を考えると，子どもが示している行動の意味がわかることがある。たとえば落ち着きのない行動が目立つ幼児に注意欠如多動性障がいの診断がついたが，それはいまだ子どもが施設生活に安心できず不安な気持ちでいるためかもしれないし，不登校になってうつ状態と説明された子どもは家族に期待がもてないことに気づき先が見えなくなってしまったためかもしれない。

これは1つのモデルに過ぎないが，特別な境遇の子どものために福祉と医療が協働して取り組むべき課題を共有できれば，いくらかでも連携が深まるのではあるまいか。

子どもを理解したいという思いが集まり，関係者の集まりが顔のみえる人と人

との集まりに昇華されるとき，連携が一番効果を発揮する。互いの理解を深めるべく子どもへの思いを語り合い，共有部分を見出すことを期待したい。

(星野崇啓)

■参考文献

齋藤万比古（2008）『子どもの心診療シリーズ5　子ども虐待と関連する精神障害』中山書店

庄司 順一・久保田 まり・奥山 眞紀子（2008）『アタッチメント』明石書店

11章 退所に向けての支援とアフターケア

1 施設養護におけるアフターケアの必要性
――アフターケアまでの一貫した長期的支援の充実を

　本来，子どもは親元で養育されることが一般的であるとされた。しかし，親等家庭による養育基盤の脆弱さから社会的養護の必要性が拡大している近年，わが国では親に代わる社会的養護システムの拡充が急務の課題となっている。

　社会的養護を目的とした施設等への入所および委託児童は入所前，適切な養育や教育を受けていない子どもが多く，長期的にその不適切養育状態を回復していく過程が十分に保障され，また家庭における養育基盤の回復についてもさまざまな支援機関やシステムの対応が必要であり，長期的支援が求められている現状にある。

　とくに近年，入所児童の多くが親などから虐待を受けて入所し，その結果社会的自立が困難な児童の支援策が求められている。心身の傷つきを回復する環境，対人関係づくり，および社会的自立を支援する制度づくりが望まれる。

　わが国においては18歳までを児童福祉法の対象とするが，18歳で社会的自立をめざすには社会一般でも困難な状況下，社会的養護を目的とした施設の入所児童にとって社会的自立はよりいっそう困難な状況下におかれているといえる。

　困難であるから対応しないことはけっして許されない問題であり，施設入所する時点において子どもが自立することを視点に入れた自立支援計画が立案さ

れ，その計画にもとづいた具体的な取り組みを行う必要性がある。また，社会に出る前の準備として社会的自立をしやすい状況づくりや条件整備が必要であり，そのための具体的準備を行っていくことが求められている。施設内での取り組みだけでなく，施設を出てからもさまざまな支援が必要となるのである。いわゆるインケアからリービングケアさらにはアフターケアまでの一貫した取り組みが求められているといえる。

2004年の児童福祉法の改正において，児童福祉施設において「退所した者に対する相談その他自立のための援助を行うこと」が法文化され，正式に「アフターケア」について明確に位置づけられたのである。

2 自立支援とアフターケア
──社会的自立のためには何が必要とされるか

自立支援とアフターケアの必要性を論ずるとき，「社会的自立とは何か」というテーマについて一定の定義付けが必要であろう。いわゆる「自立とは何か」を明確にし，児童自身のさまざまな希望もあわせて支援計画に盛り込み，目標立てを行うなかで施設入所中に自立支援計画について具体的な計画を立案し，支援にあたることになる。子ども，親，児童相談所，職員がともに協力するなかで，子ども自身が自立に向けて年齢や発達に応じて自立する力を身につけていくことが求められている。

自立を，①身辺自立，②経済的自立，③社会的自立，④精神的自立の4点に大別してみた。①の身辺自立とは起床してから洗面，歯磨き，衣類の着脱，食事，排泄，入浴，掃除，片付け等就寝までの通常の生活について，自分の力で生活することができるように基本的な生活習慣について身につけることが出来るかということであろう。

②の経済的自立とは，自分の力で生活するためには衣食住についてもすべてお金がかかるため，そのお金をどう稼ぎ，どう使うかということである。子どもが社会に出るまでは親またはそれに代わるおとなが子どもの生活を経済的に

も保障しているが，社会に出るとその大半を自分で稼ぎ，支出や支出計画を自己の力で行わなければならないのである。

③の社会的自立とは，人は1人だけでは生きていけない現実があり，多くの人とのかかわりのなかで生きていくことになる。家族，地域，学校，買い物先，仕事先，さまざまな人とのかかわりにおいて，いわゆる社会のなかで人との関係性のなかで生きていくことになる。さまざまな知識を基に人と人との関係をつくることを，これまた幼少のころから学ぶことにより社会的自立の準備をしていくことになる。

④の精神的自立は，子どもから大人へ成長していく過程においてもっとも難しい課題であるといえる。「精神的自立」はよく「精神的自律」と置き換えて説明されることが多く，「自立」には「自律」が必要であり，人間にとって自分の行動を自己コントロールする力は，大人になっても難しい場面が多い。しかし，社会的自立を容易にするためにもこの精神的自立は日常生活を通じてもっとも目標として取り組むべき課題といえよう。

先に述べたように，上記の自立の概念はいずれをとっても施設入所中にすべてが身につくわけではない。そういう意味から施設内においても自立というテーマを重要なものと位置づけしてさまざまな具体的な支援が展開されるべきである。また，施設を退所してからのかかわりも含めた長期的支援による自立支援が求められているのである。

さらに，自立する力は「愛着関係」や「守られ感」「支えられ感」のなかで養われるものであり，一定の依存関係のなかで育つものである。自立性と依存性はともすると相反する関係のようであるが，この両輪の関係が保障されたなかで自立性が育まれなければならないのではないかと考える。

3 インケアからリービングケア，アフターケアへの連続性
──施設入所中に必要な生活支援の具体化

(1) 生活支援

　施設入所前は不規則かつ不安定な生活を過ごした子どもが多く，身辺自立が困難な子どもが多い。具体的には衣類の着脱から衣類整理，洗濯，洗濯した衣類の仕舞い込み等が年齢に応じて一定出来るか。次に身の回りの片付けや掃除が一定出来るか。また，もっとも必要となることとして食生活の自立がある。まず，食器等の使い方と管理，片付け，一定の食事づくり等の経験，衛生と栄養知識，食事マナー等の知識や方法を身につけることは生きていくうえでとても大切なことである。現在はコンビニエンスストアでお弁当やカップめんなどすぐに調達できる時代ではあるが，それだけでは十分な栄養など取れない。栄養素を考えた食事づくりや栄養摂取方法を身につけることは健康に生きていくために重要な課題である。さらに，食生活は日常生活のなかで培われていくものでなければならない。

　身辺自立において，日常生活におけるさまざまな手法を身につけることは，健康管理に大きく影響することになる。洗顔，歯磨き，排泄，入浴，食事，洗濯，掃除など日常生活習慣の確立は自分の健康は自分で守ることに通じ，一般の家庭で育つ子どもも社会的養護を目的とした施設等で育つ子どもにおいても，それら一連の生活技術を小さいころから身につけることが出来るよう，習慣化されることが必要である。

(2) 学習支援

　施設入所している子どもは入所前，十分学習する環境が保障されていない子どもが多く，学力が低い子どもが多くみられる。ともすると，「学習」は進学のためととらえられがちであるが，本来生きていくための知識や方法を身につけるために学校や家庭で学習や教育を受ける権利が保障されているものである。

そういう意味からすると入所前に生きていく知識や方法をしっかりと身につけるための学習権が十分に保障されてこなかった子どもが多いともいえる。社会的養護を必要とする子どもは人一倍それぞれの子どもの能力や発達に応じて学習権，教育権が十分に保障されなくてはならない。

施設入所中において，園内で学習に集中できる場の保障に始まり，子どもの状況に応じた個別学習ボランティア等や遅れを取り戻すための個別学習指導が行き届いていること。また，通塾や習い事などの保障も必要とされる。もっとも重要なことは，学校で教育を受ける権利が十分に整えられることであろう。とくに学校の学習についていけない子どもや，集団のなかで落ち着いて学習が出来ない子どももいる。そんな子どもにおいてもどのような環境であれば学習が出来るかについて，学校や児童相談所とも十分協議しながら進めることが必要である。

現在の社会環境下においては中学校の学力だけでなく，高校程度の学力は将来の自立生活の観点からすると最低必要であろう。高校進学についても普通科から職業科，定時制や通信制等の多様な高校進学が保障されることが望ましい。また，出来れば安定的な仕事について長期的に就労を保障するためには，一定の職業選択に有効な資格を取得して社会的自立を進めたい。そのためにはその資格を取得するための学力と資金が必要となる。

(3) 金銭管理

社会的自立について考え，進めるためには何といってもお金を自分で稼ぎ，そのお金を有効に使う方法を施設入所中から身につけなければならない。入所中は生活指導訓練費という名目で「おこづかい」が年齢によって支給される。子どもが自分なりに計画を立てて使うことになるが，幼少時から計画的に使用できる子どもとお小遣いをもらうとすぐに使ってしまう子どもがいる。幼少期のお金の使い方が成人期まで影響することが多々あるのである。幼少期から金銭管理やお金の大事さなどを，自立するためにおとながしっかりと学ぶ機会をつくってあげる必要がある。

また，高校生になるとアルバイトの経験などは働くことの練習になり，アルバイトで稼いだお金をどう使用するか，自立後の金銭管理の準備にもつながることになり良き経験となっている。
　さらには，社会に出る前に，自立後生活するために主として衣食住にはどれくらいの費用がかかるのかを知り，どのくらい働き稼ぐ必要があるのかなど具体的計画等を立てながら，経済的自立に対するイメージと準備をする必要がある。

（4）対人関係

　生活支援，学習支援，金銭管理等が社会的自立にとって必要なことは以前からいわれてきたことであるが，近年施設養護にとってもっとも重要視するべきテーマとして「対人関係能力」がある。とくに親などからの虐待等の理由で入所する子どもも多く，幼少期から愛着関係を十分に築くことができなかった子どもはスムーズな対人関係を作ることが苦手な子どもが多い。2008年に全国社会福祉協議会が，児童養護施設等を退所した多くの人へのインタビュー調査を行った。そのなかの「退所後の不安・悩み」という項目でもっとも多かったものが，「人間関係やコミュニケーションが難しい」であった。「人とのつき合いが苦手」「相談することが苦手」「相手から拒否されるのではないかと不安」などの声が聞かれた。
　入所中から他者への「受け入れられ感」を感じて生活できる環境や関係性づくりが必要である。しかし虐待等関係性の不全感を経験してきた子どもは，自分を受け入れてくれるのかどこまでも際限ない試し行動を行うことがあり，関係性づくりも容易でない。粘り強く長期にわたっての関係性の構築や経験が必要であろう。しかし，担当職員だけとの関係性では担当職員も疲弊してしまうこともあるので，他職員やボランティア，心理職や児童相談所のワーカーなど施設内外の広範な人間関係の構築も含めて対人関係づくりが求められる。
　また，施設入所児童のなかには学校においても孤立している子どもがいる。そんな子どもには学校の友人づくりを重要視する必要があり，学校の先生や友

人の親や家族との関係，また地域との関係によって守られていることが実感できるような配慮が必要である。

近年，いくつかの施設や地域で幼少のころからソーシャルスキルトレーニング（SST）を用いて，他者との関係づくりなどを学ぶ機会をもっている。施設で行う行事や児童会やさまざまな企画を通じ，他者と多くかかわる場や集団の場で個の存在がおおいに評価される場の設定づくりは，人間関係やそのなかでの自己肯定感を形成するために重要な役割を果たすことがある。

4 施設入所中における自立への指標

社会に出る前に自立出来る力をどう養うかについて，一定の指標が必要であろう。

筆者の施設では①自分について知っている，②自分の力で必要な時間に起きることが出来る，③身のまわりの整理整頓と洗濯・衣類管理などが出来る，④金銭管理が自分で出来る，⑤挨拶や頼み方，謝り方などが身についている，⑥料理が10品以上作ることが出来る，⑦生活上の常識・知識がだいたいわかる，⑧健康管理が自分で出来る，⑨仕事や学校を怠らず続けることが出来る，⑩職員やまわりの人と一定の信頼関係が保てる。以上の10点を指標として中学生や高校生に提示している。他者から指摘されるだけでは改善につながらないこともあり，自分でどの程度出来るのかについて自己チェックすることが必要である。

とくに⑨と⑩は困難なことが多く，そのためにより具体的に必要なことを日常的な生活のなかで支援していくこととしている。

5　社会生活への準備と参加に向けての援助

(1) 自己認識と将来を展望する

　子ども1人ひとりの成長発達や育成過程に応じて，子どもの生い立ちの整理を一定の期間を経て行うことも有効である。しかし，生い立ちの整理については十分な適切な時期を考慮しないと子どもによっては自己の生い立ちや過去について自己の気持ちを支え切れない状況になってしまうことも考えられるので，現状の安定感も確認しながら慎重に検討されるべきであろう。

　職員は子どもに対して将来的な展望や希望をもってほしいと願うが，子どもによっては自己の過去について向き合うことや肯定することが出来ない子どもも多い。したがって十分な信頼関係や情緒的安定，さらには子どもの成長を見定めて，子どもの将来を展望していく作業について子どもにしっかりと寄り添いながら行うことが重要である。

(2) 進路指導

　将来を展望するためにも進路指導は施設にとっても重要である。学校等でも進路指導を行うが，施設独自でも進路指導を行う必要がある。進路指導については出来るだけ小学生時代からの進路指導を行う必要があり，中学生，高校生になるとより具体的な進路指導等を行う必要がある。とくに施設入所児童の進路はどんな進路を選択するかということも重要あるが，進学にしても就職にしてもどこから行くかということを決めなくてはならない。またそのための金銭的基盤の保障や方法を考えなくてはならない。

　可能性のある進路を選択するためには社会に出る直前に考えるのでは遅く，施設入所中から選択できる進路について具体的に提示されなくてはならない。卒園した先輩の話を聞く機会や親や家族との話し合い，また児童相談所の担当福祉司との協議なども定期的に行われ，子どもの希望がもっとも尊重される必要があろう。そのためには進路指導にあたる担当職員が，職業事情やさまざ

諸制度等の広範な知識と情報をもち合わせていなければ進路指導は出来ない。また，そのためにも学校や諸機関，企業とのネットワークも必要とされる。

（3）社会資源の活用とネットワーク

子どもが進路選択や将来展望をもてるように，施設内の取り組みだけでなく，就労支援や社会的自立のために必要なことについて，ボランティアや企業やNPO団体などの協力による取り組みも始まっている。「職業実習体験」「マナー講習」「ソーシャルスキルトレーニング」等，広汎な資源を活用し，施設入所中から社会的自立が少しでも可能になるような取り組みを行う必要がある。

自立や支援が困難な子どもほど，さまざまな施設や諸機関がかかわることになり，施設，児童相談所，学校，区市町村の福祉事務所，企業，その他との調整能力が児童を担当する職員には求められる。そのためには諸機関連携能力，学校や企業の特色，刻一刻と変わる社会状況の変化や制度についても注視し広範な知識やネットワークを有する必要性がある。

6　進路選択における社会的自立とアフターケア

（1）大学や専門学校等進学に関する現状と課題

児童福祉法上は18歳までの養護は保障されているが，その後の大学，短大，専門学校等の進路保障は現状としては制度的に確立されていない。

前述のとおり，社会的養護を必要とする子どもが個々の能力に応じ社会的自立をめざすためにも，安定的な就労が出来るよう，将来希望する職業等に就くことが出来るよう，資格を取得させる機会を十分に保障すべきである。

そのためには進学や資格取得のための資金保障が必要であり，まずは大学進学の保障として国や都道府県としての公的保証制度を充実させることが必要である。また，公的な制度保障だけでは現実的には難しい問題があるので，各施設や法人ごとにアフターケア基金など創設して進学保障を実現させていく必要

がある。また，企業や個人，養成校等が特別奨学金制度を創設して施設出身児童への支援が行われている。NPO団体や多くの企業，養成校が参画しての多角的方面からの援助や補助制度の確立など，進学や資格取得のための奨学金制度の更なる充実が急務の課題である。

(2) 就職に関する現状と課題

現代社会においては，中学卒業や高校卒業で就職するにも困難な時代といわれ，就職するのも容易でない現状にある。出来れば中学や高校卒業において就労支援の事業が積極的に行われ，企業等が望む人材育成について学ぶための積極的事業展開が望まれる。とりわけ児童養護施設等に入所中の子どもについては職業イメージをもつことの機会が少なく，幼少時からさまざまな職業に触れられる機会を多くもつことも重要であろう。

就職情報，面接練習，マナー講習，運転免許証の取得等も就職を有利に進めるために必要なことである。

(3) 社会的自立が困難な子どもへの支援とアフターケア

施設入所児童においては子ども虐待等においてトラウマから社会的自立が困難な子どもや心身にさまざまな障がいを抱える子どもの入所も多く，18歳で社会的自立が困難な子どもが多い。そんな子どもについてはそれらの障がいや問題に応じての自立支援が保障されなければならない。社会的自立が困難な子どもが18歳になったからといって社会に出なくてはならないといった厳しい条件を施設入所中から克服していく対策が準備されなくてはならない。子どものなかには精神科への通院や入院の必要な子どももおり，18歳になってもその治療や入院が継続保障されなくてはならない。また知的障がいを抱える子どもについては特別支援学級や養護学校などへの通級や通学の保障，障がいの状況に応じた進路がしっかりと保障されなくてはならない。いずれにせよ児童養護施設等社会的養護の現場だけでは進路保障もその後の支援についても十分に担っていけない。

障害者自立支援法や生活保護法等の分野による社会資源も十分に活用しながら，継続的に自立の困難な子どもへの支援を展開していく必要がある。また，社会的自立が困難な子どもほど社会的養護の施設がふるさと的な役割を担い，長期的にかかわっていく条件づくりや基盤整備が求められている。

7 施設養護におけるアフターケアの実際

施設養護におけるアフターケアは，2004年の児童福祉法の改正において児童福祉施設においては「退所した者に対する相談その他自立のための援助を行うこと」が法文化され，アフターケアについて明確に位置づけられた。その後は個別のアフターケア計画が立案され，施設としても計画的に卒退園生にかかわることになった施設が多い。

施設入所児童は主として社会的自立や家庭復帰および措置変更等によって施設を退所することになる。いずれの場合であってもアフターケアは必要であり，社会的自立の場合は退所者の相談援助を今まで生活していた施設の担当職員が主になりかかわることになる。家庭復帰のケースは児童相談所や地域子育て支援センター等とも連携しながら施設職員が復帰後の相談や支援にあたることになる。措置変更の場合は，児童相談所を窓口としながら子どもの安定を図る意図によって次の措置変更先の意向や事情を十分に考慮しながら，アフターケア計画が立案されることになる。

また，アフターケア個別支援計画についても子どもや家族などにも立案の段階から提示され，確認されたものでないと実際アフターケアが始まったときに子どもや家族や担当者間でのトラブルに発展することもあるので，立案時から十分な計画と理解が必要である。

とくに社会的自立をめざす子どもは，社会に出て困ったことなどを相談する人や機関が少ない場合が多く，住居支援，進学支援，就労支援，金銭関係，健康面の不安，冠婚葬祭，家族やまわりの人との人間関係の調整や助言，その他さまざまな相談に乗ることを主とする。電話相談，会って話し合い，家庭訪問

に行く，ときどき施設に来園を促すなど，退園後の状況を把握しながら多様な支援を行っていくことになる。なかには相談を受けるだけでなく行動を共にすることもある。

親兄弟関係もなく，社会的人間関係をつくることに不安を抱える卒園者については，頻繁にアフターケア担当者や施設がかかわり合いをもつことが望ましい。

アフターケアにあたる担当者にとってアフターケアはどこまで支援をするべきか迷うことも多く，施設長や施設の基幹的職員にスーパーバイズを受けながら計画的にかかわらないと個人的な関係のみでかかわってしまうことになり，ときとしてトラブルを生じることもある。アフターケアへのかかわりについても，常に施設として明らかにしながらかかわっていく必要がある。

8 自立援助ホームと自立に向けての協働を

社会的自立が困難な子どもの支援に自立援助ホーム（児童自立生活援助事業）が大きな役割を果たしている。15歳から20歳未満の子どもが自立のために一時自立援助ホームに入所し自立のための練習をするための生活施設ではあるが，自立が困難で再度入所してくる子どもも多くその自立支援に苦労している現状もある。自立が困難な子どもを入所させ，生活指導，就労支援など社会的自立に向けて支援する場所であり，近年，各都道府県や指定政令都市には必置となったが，全国的広がりにはまだ至っていない。経験豊富な職員が長期的にかかわるには，国の補助金制度のあり方などを改善する必要がある。また，20歳未満が自立援助ホームの対象となっているが被虐待体験等に伴うトラウマの後遺症は15歳〜20歳で解消されるものではなく，年齢超過者支援や長期的アフターケアの保障が無ければ自立支援が十分に出来ない状況下にもある。

社会に送りだす最後の自立支援機関である自立援助ホームを，全国的にも拡充していくことが今求められている。

9 家庭復帰とアフターケア

　施設から社会に自立する子どもがいるなか，家庭復帰をする子どもも多くいる。施設入所後，自立支援計画が立案され子どもが施設から社会へ自立するのか，家庭復帰をめざすのか等の方向性が本人の希望や親や保護者の希望，児童相談所の見立て等において決定される。家庭復帰についてはその方向付けと家庭関係調整については，施設にファミリー・ソーシャルワーカー（家庭支援専門相談員）が配置され，そのファミリー・ソーシャルワーカーが中心となり，児童相談所の担当福祉司と常に連絡を取りながら行われることになる。また，家庭復帰については，児童相談所において家庭再統合のためのチェックリストをふまえて家庭復帰後のアフターケア計画や地域の支援機関との調整も行い，実施される。

　近年，子ども虐待によって入所する子どもが多く，家庭再統合には相当の親の養育姿勢の変化や子どもの成長がないと家庭復帰について困難なケースも多く，より慎重な判断も必要となっている。

　家庭復帰後の支援についても十分に行わないと，ケースによっては親子関係が再度悪化し再入所するケースもみられる場合がある。家庭復帰後のアフターケアについては，入所中から施設のファミリー・ソーシャルワーカーと担当職員が定期的に家庭訪問出来る関係性づくりや，児童相談所の児童福祉司，地域の区市町村の要保護児童対策地域協議会への連絡や見守り，学校等への連絡等家庭復帰後の支援と見守りは重要な位置付けとされる。

10 児童相談所のアフターケア

　本来，児童相談所は児童問題に関する相談，援助，一時保護，施設や里親への措置・入所，入所後の援助，退所後の支援等一貫して児童問題にかかわる機関である。しかし，虐待通告や相談が増えている現状からすると，退所後のアフターケアにかかわっていくことが困難な現状にあり，要保護児童対策地域協

議会や地域支援が出来る機関につなげていくことが必要であろう。しかし，家庭復帰後，親の不適切養育状況が再現したり，親子の関係性が悪化する場合もあり，また社会的自立をした場合においてもさまざまな問題が生じることも多々ある。児童相談所においてもアフターケアを重要な業務として位置付け，退所後の一貫したかかわりも児童相談所として責任を負う体制づくりが求められている。

11 施設養護におけるアフターケアの課題

　近年，アフターケアが児童福祉法上も明文化されたが，それを実行するための人的保障がされていないこと，予算的措置がされていないこと，アフターケアのための建物など施設整備費などの補助金制度が確立されていないことが課題である。

　施設などにアフターケア専門相談員の新設，卒退園後最低3年間のアフターケアに係る経費の新設，アフターケア棟への施設整備費補助等，また自立援助ホームやふらっとホーム事業（コラム4①）の拡充等具体的な事業の展開が求められている時である。

（武藤素明）

■参考文献
全国社会福祉協議会「子どもの育みの本質と実践」2009年3月

コラム 4-① 当事者参加によるふらっとホーム事業の役割の重要性と拡充策を

　児童福祉施設は出来て歴史が古いだけに多くの卒園生や施設経験者を社会に送り出しており、施設等での生活体験者による社会的養護への参画についても現在その輪が全国に広がりつつある。また、国において地域生活支援事業（ふらっとホーム事業）として制度化し進めている現状もあり、現在、全国各地で当事者によるふらっとホーム事業の推進が期待されている。

　児童養護施設等の出身者は地域生活において自立生活を送る際、生活や就労上のさまざまな問題を抱えながらみずからの努力で生活基盤を築いていかなければならない。施設や里親などで社会的養護を体験した人たちがその体験や思いを共感しながらさまざまな相談に応じることは有効であり、実体験を通じた生の声はすでに退園した人たちや社会生活を送っている人たち、現在社会的養護を利用している人たちやその支援にあたっている施設の職員、里親にとっても重要な声として尊重されることになる。

　当事者が相互に意見交換や情報交換等を行える自助グループ活動を通じて自立サポートを行っており、ふらっとホーム事業の拡充に先進的な役割を果たしている東京の「日向ぼっこ」などの活動をモデルにしながら、全国各地にふらっとホーム事業の実践が広がり、社会的養護における自立支援機能にとって大きな役割を果たすことになることを期待する。

　ふらっとホーム事業については、全国的、都道府県、各施設単位の事業があって当事者の状況に応じて選択できるよう多くの地域に展開できるようにする必要があると共に都道府県を越えて全国的な繋がりも大切にしたい。ふらっとホーム事業の拡充のために、国や都道府県は現在の制度拡充策を打ち出すと共に企業やNPOなどからの多様な支援も期待したい。

（武藤素明）

コラム 4-② 社会的養護を必要とする子どもへの長期的支援を支えるために

　施設の卒園生から「退園後施設に行ったらほとんどの職員が退職していた」と聞いた。また、施設にしばらく来園しなかった卒園生が久々にやってきてみると知った職員がいないことに愕然としたとの話も聞く。施設に入所しなくてはならない子どもとのかかわりは短期的なかかわりだけでは十分な支援が出来ない。また、児童期に支援した結果は数年後、数十年後に明らかになる部分もある。その子どもの成長を見守るのがこの児童養護の仕事であり、子どもや親との信頼関係づくりにおいても職員が長期的にかかわれる体制整備が必要である。

　職員が長く働き続けるためには、「なぜ職員は辞めるのか」その原因を探り対策を講じることが必要である。職員が早期に辞めてしまう原因として子どもや親等とのかかわりで疲れ果ててしまうこと、職員関係等が悪くチームワークが保てない、経営や運営責任者（園長）等の方針についていけない、泊まりや超過勤務が多く労働条件等がきつい、結婚し出産育児しながら続けられないなどがあげられる。その改善を図ることも重要であり、そのためには、「組織運営上の意思疎通が十分に行われている」「職員の協働体制が確立されている」ことが重要であろう。また、社会的養護にかかわる従事者の資質向上の取り組み、賃金の保障、精神的疲労を軽減するための労働条件整備へのさまざまな支援が必要となる。肉体的疲労より精神的な疲労度が高く、職員のメンタルケアも必要である。職員が結婚し出産し、育児しながら長期に仕事をしていく環境や条件整備もしていく必要がある。

　社会的養護を必要とする子どもの自立支援やアフターケアの充実はそれらを支えるための職員が安心して長期的にかかわれる基盤整備が不可欠である。職員の専門性や資質向上の取り組みを含む職員育成が重要であり、児童養護という子どもの成長を長期的に支えながらかかわる者としての幸せを感じられるまでの取り組みが求められている。

（武藤素明）

12章 社会的養護としての里親委託・里親との連携

　里親制度は1947（昭和22）年の児童福祉法によって制度化された。
　このことにより，個人的な行為として行われてきた里親養育が，保護者の元で育つことのできない子どもたちの健全な発達成長を国の責任の下で保障するという社会的養護の体系のなかで制度化されたことになった。
　社会的養護は，大きく分けると本書のテーマとなる施設養護と家庭的養護とに分けることができる。家庭的養護の代表的なものは，いわゆる里親家庭で養育を受けることであるが，わが国の社会的養護では，施設養護を受ける子どもの数のほうが圧倒的多数である。しかし子どもの育ちを考えるとき，子どもは家庭で育つのがより自然な形といえる。昨今の社会的養護には，虐待問題が深刻化してくるなかで，傷ついた子どもたちの心を受け止め，回復させ，おとなとの信頼関係を培っていくということが大きな課題としてある。集団での養護が前提の施設養護に比して，特定のおとなに，個別的・継続的に養育を受ける環境である家庭的養護の重要性が注目されるようになった。

1 里親制度の概要

　こうした背景を受け，2002（平成14）年に「里親の認定等に関する省令」および「里親が行う養育に関する最低基準」という2つの厚生労働省令が出され，以降里親制度の推進のための施策が展開されている。

2004（平成16）年に改正された児童福祉法の総則のなかには，里親の定義規定が設けられ，社会的養護における里親の重要性が明確化された。
　児童福祉法の第6条の3に次のように里親の定義が記されている。
　「里親とは養育里親及び厚生労働省令で定める人数以下の要保護児童を養育することを希望する者であって，養子縁組によって養親となることを希望するものその他のこれに類する者として厚生労働省令で定めるもののうち，都道府県知事が第27条第1項第3号の規定により児童を委託する者として適当と認めるものをいう」

（1）里親委託

　里親養育とは，実親の元では適切な養育環境が与えられなかった子どもを認定された里親家庭が児童相談所からの委託受けて育てることをいう。
　里親になることを希望する者は，児童相談所に申し込みをし，里親としての適格性があるかの調査を受け，児童福祉審議会での認定を経て里親として登録される。その後，児童相談所の委託会議を経て委託の打診を受けることになるが，緊急での委託を除き，多くは施設や一時保護所で生活している子どもが委託されることになるので，面会・外出など交流をしたうえで里親家庭に引き取られる。
　委託期間は，それぞれのケースに応じることになり，親元への引き取りが可能になったとき，子どもが18歳となったとき，あるいは里親が里子と養子縁組をしたときには委託解除となる。
　委託を受けた子どもの養育期間中は，子どもの生活費と里親手当てが一定額支払われる。

（2）里親が行う養育に関する最低基準

　里親養育は認定された個人の家庭で養育されるものであるが，公的な責任において養育するものであるので，委託される子どもの福祉が守られるような養育をする責任をともなう。里親養育は，「里親が行う養育に関する最低基準」

(2002年厚生省令）に定められており，「里親は，最低基準を超えて，常に，その行う養育の内容を向上させるよう努めなければならない」（第3条）と記されている。また2004年の児童福祉法の改正で，児童福祉施設の長と同じように「監護・教育・懲戒」に関して権限が明確化された。これにともない，最低基準では「児童の福祉のために必要な措置を採るときは，身体的苦痛を与え，人格を辱めるなどその権限を濫用してはならない」（第6条の2）と懲戒に係わる権限の濫用禁止が定められている。

さらに「最低基準」では，「里親は，養育を効果的に行う為，都道府県（指定都市及び児童相談所設置市を含む）が行う研修を受け，その資質向上を図るようにつとめなければならない」（第4条2）と研修の受講義務も定められている。

（3）里親の種類

2009（平成21）年の里親制度改正により里親の区分は次のように規定された。

養育里親	養育里親
	専門里親
養子縁組によって養親となることを希望する者	
親族里親	

①養育里親　　里親養育の中心的な活動である。要保護児童を一定期間あるいは，18歳になるまで里親家庭で養育をする。児童の委託は児童相談所を通して決定される。里親が同時に養育する委託児童は4人までだが，実子など委託児童以外の子どもも養育している場合には，合計6人までと定められている。

そのほか施設養護を受けている子どもたちの家庭体験の場としていわゆる季節里親（三日里親・週末里親・ホームステイなど自治体により呼称が違う）の活動も養育里親たちが担っている。

②専門里親　　㋑養育里親としての3年以上の委託児童の養育経験がある者，㋺児童福祉事業に従事した者であって都道府県知事が適当と認めた者，㋩都道府県知事が㋑または㋺に該当する者と同等以上の能力を有すると認めた者で，

専門里親研修を修了した者が資格を得る。

委託される児童は，①虐待で心身に有害な影響を受けた子ども，⑪非行のあるまたは非行をするおそれのある行動をする子ども，⑪身体障がい・知的障がい・精神障がいがある子どもなど。

委託される子どもの人数は2人までとなっている。

③**養子縁組里親**　要保護児童について養子縁組によって養親となることを希望する者。

④**親族里親**　当該要保護児童の3親等以内（祖母や伯母など）の親族。

実親が養育できなくなった児童のなかには，良好な関係が築かれている親族がいるが経済的理由などで支援を受けることが困難という場合もある。こうしたケースに対し，子どもの養育を希望する親族に子どもの生活費を給付することにより，親しい親族の元で養育を受けることができるようにする制度である。

2　里親制度への期待と課題

（1）家庭的養護とはⅠ

人は通常，出生した家庭で両親の保護下にあって愛情に包まれて育つ。まだ出生したばかりの頃は生きるためのすべてを親に依存して育ち，空腹を感じた頃にはお乳が与えられ，寒いときには暖かく包み込まれ，オムツはいつも清潔が保たれ，やさしい声かけと抱擁でいつも不快から守られて育つ。心地よさを感じると子どもは満足の微笑みを親に返し，この子どもの表情に親もまた愛おしさと守っていかなければというわが子への愛情を強くもち，相互の絆を強めていく。こうして子どもはいつも自分を守ってくれる存在としての親への信頼感を形成し，またそれは愛されている自分自身の存在に確信をもつことにつながる。これは，やがて社会と向き合っていくときに大切な人への信頼と自分への自信という人間関係の基礎となるものを育んでいくことにつながる。家庭はこうした愛着形成の場といえる。家庭的養護というのは，こうした愛着の形成

を親に代わる人との間で培っていこうというものである。

　愛着形成というのは，本来特定のおとなと特定の子どもの関係性のなかで形成されてくるものである。わが国の大多数の要保護児童が生活する施設養護においては，複数の子ども集団と複数のおとな集団とで生活し，個別のケアワークが十分にはできにくい状況がある。こうした問題を解決すべく近年施設養護では集団の小規模化の試みがなされていることは，本書8章に記載されている。さらに施設養護では，長期間在籍すると職員の退職があったり，子ども自身の成長に伴い部屋替えがあったりなど，成長過程で担当職員が何回も交代する実態がある。担当職員と良い関係が形成されたとしても，一方で別れの体験を重ねることになる現実も避けられない。

　現在約4万人の子どもたちが社会的養護の下で（乳児院・児童養護施設・里親以外の児童福祉施設も含む）生活を送っているが，これらの子どもたちは，実親と離れて暮らさなければならないという分離の不安のうえに，そこに至るまでの生活で心の傷を抱えている子どもたちも少なくない。さらに，虐待を理由として保護された子どもたちはひととの安定した関係を結びにくく，情緒面での不安定さや問題行動などを起こしやすいということもいえる。また発達障がいなどを有する子どもも多くなっていて，こうした子どもたちを養育していくうえでは，愛着の再形成の課題が欠かせない。

　里親養育では，里親夫婦と子どもの関係という安定した環境のなかで養育が継続されることになる。こうした養育環境のなかで，愛着の再形成をし，情緒的な安定を取り戻しながら成長することが期待される。被虐待児など，保護者によって適切で健康なおとなイメージを得られなかった子どもたちは，里親により健康な親モデル・家庭モデルを経験していくことにもなる。やがて子ども自身が成長し家庭をもち，親となるときに，父親の役割・母親の役割・家庭とはなど，自己の育った家庭から健康な家庭イメージへの修正も期待することができる。

(2) 家庭的養護とはⅡ

　家庭生活にはいろいろな営みがある。家族の健康を守るためには適切な食生活が必要であることや，家族員が心地よく生活をするために家庭内の清潔が保たれ整理整頓がなされること，何よりこれらの生活をならしめるためには仕事をして収入を得，その収入の範囲で生活を維持していく家計という経済活動が基盤にある。また家庭生活は一個の家庭だけでは存在しえず，地域社会のなかのさまざまな人間関係と機能組織（教育機関・自治組織・子ども会・商店・etc.）とかかわりをもちながら生活を形成している。家庭であればこうした日々の営みを成り立たせている保護者の行為を見て育つのが自然といえる。里親養育では，生活の仕組み，成り立ちを理解し，子ども自身が家庭生活を作っていく家族の一員となることになる。こうしたことは，やがて社会に自立していくときに必要な基礎的な総合的生活力を身につけることにもつながるであろう。

(3) 里親制度の現状と課題

　①里親委託の現状　　里親委託件数は，近年の家庭的養護の推進，里親育成強化の施策のなかでこの数年若干増加の傾向があるが，施設養護がわが国の社会的養護の中心であることに変わりはない。2004（平成16）年の小子化社会対策会議において決定された「子ども・子育てプラン」では，乳児院・児童養護施設・里親に措置（委託）されている保護を必要とする子どものうち，里親へ委託される子どもの割合（里親委託率）を2003年度の8.1パーセントから，2009年度までに約2倍の15パーセントまで引き上げることを目標として掲げた。しかし，下表のように2008年度末で10.4パーセントであり，思うように

表12-1　里親委託率

	乳児院	児童養護施設	里親	里親委託率
措置〈委託〉数	2,995	30,451	3,870	10.4%

出典：福祉行政報告例　2009年3月31日現在より抜粋

里親委託は進展していない。

里親制度が発展しない理由について，庄司（2003）は次の点をあげている。
（1）わが国の家族制度や血縁関係を重視する風土から，血のつながらない子どもの養育には抵抗感があり，また，偏見や差別が生じやすい。
（2）欧米のキリスト教のような宗教的背景をもたず，社会的養育について関心が乏しい。
（3）「育児不安」という言葉に表されるように，子どもを育てることへの負担感，困難感を感じることが多くなっており，子育てそのものに意義が見いだせない。
（4）子どもの保護者（実親）が里親委託を望まない。
（5）里親希望者には養子縁組希望である人が多いが，養子縁組の候補となる子どもが少ない。
（6）里親に対する支援体制，里親委託費（措置費）等の里親制度自体の問題。
（7）わが国の社会的養護や養育理念のなかに里親制度を第一選択とする優先性がない。
（8）児童相談所（あるいは児童福祉司）が里親委託に消極的である

現在，各都道府県では，里親制度を周知する為の広報活動や里親になることを希望する人に向けての研修会などを実施，展開しているが，今後も継続的な取り組みが必要とされる。

表12-2　里親および委託児童の推移

	登録里親数 (A)	児童受託里親 (B)	委託児童数	受託率 B/A%
1988年度末	8,114	2,570	3,199	31.7
1993年度末	8,090	2,083	2,561	25.7
1998　〃	7,490	1,697	2,132	22.7
2003　〃	7,285	2,015	2,811	27.7
2008　〃	7,808	2,727	3,870	34.9

出典：福祉行政報告例　2009年3月31日より抜粋

②未委託里親の発掘　現在，登録されている里親は全国で7,808世帯である（2009年3月31日現在）。そのうち児童の委託を受けている里親家庭は2,727世帯で，受託率が34.9パーセントである。5000世帯もの未委託の里親家庭が存在する。これらのなかには里子との養子縁組を果たした後も里親としての登録を継続している家庭が相当数含まれていると思われる。彼らを含めて，未委託の里親の多くは施設児童の家庭体験里親（週末里親や季節里親）としての活動をしていると思われるが，養育里親としての委託を待っている里親もいる。こうした未委託里親の発掘・活用が課題となる。

③障がい児童の委託推進　社会的養護の下にいる障がい児は少なくないが，子どもにハンデイがあると里親委託は敬遠されがちである。しかし子ども自身の育ちを考えると，健常な子どもと同じように里親養育の機会が与えられる必要がある。将来生きていくことがより困難であることが推測される彼らこそ守ってくれるおとなとの絆は必要と考えられる。現在，専門里親となる人たちがその任を負っているが委託はそれほどすすんではいないのが実態である。里親養育が社会的養護である以上，どんな条件の子どもも受け入れる姿勢が望まれる。経験を積んだ里親が積極的に障がい児の委託も受けて実績をつくって欲しいものである。

④里親サポート体制の充実　里親家庭は地域で暮らす一般の家庭である。施設のように専門的な知識をもち合わせているのでもなく，また子どもの養育に習熟した家庭ばかりでもない。一方で，里親家庭に順調になじむ子どもはむしろ少なく，その適応過程にさまざまな試し行動や気引き行動・退行現象などがあり，成長すれば告知の課題を抱えるなど，実子の養育とは違う特有の問題を里親は経験する。社会全般に子育て支援の必要性が問われているが，里親養育は地域の一般の子育て支援とは共通のものもあるが特有の課題もある。里親にとっては里親同士の支援が一番心を通じ合えるものであり，実際里親会の活動が充実していて互助活動が効を奏している地域もある。しかし，県によっては登録里親総数が50以下という地域もあり，里親が広い県域に散在しているようなところでは日常的な交流・支援は望めない。里親の育児の問題はすなわ

ち委託された子どもの育ちの問題であり，里親が個人で抱え込んで里親家庭が孤立してしまわぬよう，里親養育を理解する人たちのサポート体制が必要となる。児童相談所・施設など社会的養護に関連する人たちとの日ごろからの連携が重要になる。

③ 施設養護と里親委託・里親との連携

　2005（平成17）年の「里親家庭への保護を要する子どもの委託の促進について」（厚労省児童家庭局家庭福祉課長通知）で，子どもの養育に関し，知見を蓄積している児童養護施設などの児童福祉施設の役割として里親に対する支援が明記された。従来より，施設在籍児童の里親委託や家庭体験としての里親家庭の活用などで，特定の子どもの成長を通して，支え合い，その成長の喜びを共有していくという連携の形はあった。しかし一方においては，お互いの養護形態の違いからくる理解不足や，同じ立場で社会的養護について話し合う機会が少ないことから，両者はややもするとお互いのマイナス面に目をむけてしまう傾向も現実にはあったと思われる。これからは社会的養護を必要とする子どもたちを養育する実践者として，対等の立場で子どもたちの問題を論じ合い，お互いのもつ意義や役割を認め，苦労や困難を理解して，相互がより有効な活動ができるように，協力体制を作り，連携して活動していくことが今後の社会的養護に必要とされている。

（1）施設の在籍児童の里親委託推進

　里親委託されている子どもの，委託経路はおよそ半数が施設からである。施設に在籍する子どもが委託される際には，面会→外出→外泊という交流期間を経て，子どもが安心し期待をもって里親家庭で生活が送れるようになるまでを施設は支援することになる。この間に施設は子どもについての性格や特性，あるいは気になる行動があった場合の対応など，これまでの子どもとの生活で培ってきた知見を伝えながら里親と子どもが良い関係を築けるようにかかわっ

ていく。また委託後も養育相談を受けるなど必要な援助は続けられる。長期に社会的養護を受けて育つ子どもたちは、その成長過程に多くの困難に直面することが予測される。そのようなときに子どもの心を支えるのは、「自分は多くの出会いに支えられ守られ大切に育てられてきた」という実感である。施設の役割は里親委託で終了するのではなく、その後の子どもの成長を見守っていくことも役割としてあることを考えていく必要がある。

(2) 施設在籍児童の家庭体験の場としての里親家庭

　施設側が里親から支援を受けるものとして、季節里親（ホームステイ・三日里親・週末里親と呼ばれたりもする）がある。施設児童のなかには、実親はいるがかかわりが薄くて家庭には外泊はできない子どもたちがいる。こうした子どもたちが、家庭生活を体験する場として里親家庭を活用する。特定の里親家庭に夏冬の長期休みに一定期間、あるいは毎月1～2泊など交流の形はさまざまであるが、継続的に交流を続けていく。長期間の委託という形でなくとも定期的に継続して交流をもつことで、子どもは家庭生活を知り、長く自分だけを見守ってくれるおとなとの関係をもつことが期待できる。

(3) 施設機能の活用ほか

　施設養護の特性はなんといっても福祉・保育・心理・栄養・看護・医療などの専門職が揃い、これらのスタッフが組織的・機能的に連携しあって子どもの養育や家族の問題に取り組んでいるということである。また施設には個人の家庭にはない設備などもある。こうした施設のもつ知識や機能を里親活動に活用することは里親制度の促進の力にもなると思われる。
　取り組みの実例を以下に紹介する。
- レスパイトケア……里親が入院するなどの緊急時や休息が必要なときに委託児童を施設で預かる。
- 里親研修への協力……施設職員が講師として参加したり、研修の会場として施設の会議室などを提供する。

- 里親の施設実習の受け入れ……里親に認定されると施設実習が義務づけられる。施設実習で里親活動の第一歩を踏み出したことになり，この実習で得た子育ての知識や，施設で生活する子どもたちとの交流，施設職員と交わした会話はどの里親たちも印象的な体験となるようである。受け入れた施設にとっても里親理解につながり，地域でどんな里親が活動しているかを知り，今後のお互いの活動の支援・連携の関係づくりへとつながっている。
- 施設行事への里親の参加……里親が施設の学園祭などにボランティアとして参加したり，里親コーナーを設置して里親活動を地域住民に紹介するなどの活動を展開する。
- 里親の行事に施設が協力……施設職員が里親大会の運営に参加したり，会議中に里子たちの保育を担当して里子同士の交流を図ったり，里子の出身施設の職員と交流をもったりする。
- 施設と里親会との協働行事の開催……施設の職員および施設で生活する子どもと里親・里子との交流（キャンプや地引き網などのイベント行事）。
- 里親会活動の場として施設の会議室などを開放。
- 施設の運営スタッフ（理事や運営委員など）として里親が加わる……里親活動の知見を施設運営に反映，施設児童の里親委託促進。
- 自治体（児童相談所）が主催する，里親制度普及のための研修・講座などに施設職員が参加して，社会的養護の実態などの話をする。

　以上にあげた連携の活動がどこの地域でも，どこの施設でも行われているわけではなく，実際には地域間に温度差もあり，それぞれの地域の実情に応じた連携のあり方が模索されている。

（4）児童福祉施設の家庭支援専門相談員の役割

　乳児院や，児童養護施設には家庭・家族への支援を行う職種としてファミリー・ソーシャルワーカー（家庭支援専門相談員）が配置されている。入所児童の早期家庭復帰を実現するためには，家庭環境の改善・調整が不可欠で，保

護者や家族への相談・親子関係の支援，児童相談所をはじめ関係機関との連携を通して，入所前から退所後のアフターケアに至る家族調整を担っている。このファミリー・ソーシャルワーカーの業務のなかに，「里親支援」がある。前項に記載された，入所児童の里親委託に際しての関係支援をはじめ，里親実習，研修，合同行事など，里親と施設の連携事業全般の施設における中心的存在となる。

(5) 里親と児童福祉施設とのパートナーシップ

全国社会福祉協議会と全国児童養護施設協議会および全国乳児福祉協議会は，2005年，「里親養護と児童福祉施設のパートナーシップ」を提唱した。

「社会的養護の下にいる子どもたちが抱える問題はより深刻になってきていて，彼らの'生きにくさ'は，そのまま養育する側の困難であり，里親養護も施設養護も同じ課題に直面している。このようなとき，お互いが同じ社会的養護を担う『同志』として対等な関係で論じ合い，協力関係を作っていくことが，しいては社会的養護の下に生活する子どもたちの成長や自立をより良いもの，より確かなものにして行くことにつながる」と期待してのものである。

里親養護と施設養護は，社会的養護にいる子どもたちの「健康な成長と自立を支援することを目的とする」という共通の目的をもちながら，これまでお互いの役割や苦労，そしてお互いへの期待を語り合い，共通理解を深める機会が少なかったという現状をふまえ，里親養護と施設養護の当事者間の相互理解と相互支援，すなわち両者のパートナーシップを形成して，新しい社会的養護のあり方を創っていく必要性を訴えている。

（窪田道子）

■参考文献
庄司順一（2003）『フォスターケア――里親制度と里親養育』明石書店
全国社会福祉協議会（2005）リーフレット「出会いから始まるパートナーシップ」

Ⅲ部 施設養護の専門性

13章 入所している子どもの権利擁護

1 子どもが入所前に受けた「権利侵害」と入所後の困難

　児童養護施設に子どもたちが入所する理由は，保護者の病気や行方不明，精神疾患や虐待などが占め，「親がいない」という理由で入所する子どもは全体の1割にも満たない。つまり，親はいるが何らかの事情を抱えて家庭で養育することができなくなり，施設に入所していることになる。そのなかでも，近年は，虐待を受けた子どもの入所が増加している。2008年度の厚生労働省の調査では，入所している子どもの半数以上が虐待を受けており，虐待体験のうち7割は「ネグレクト」（世話の怠慢・放置）であることが明らかになっている。

　彼らの家族関係も複雑で，養父母・継父母を含めた「父母あり」の子どもは全体の約3割だけで，半数は父または母のみの「ひとり親」の元で育っている。「ひとり親」になる過程や，なってからの生活も不安定なものが多い。ある18歳の少年は，親の離婚や再婚，親権者の変更などにより，18年間で4回姓が変わるような複雑な家族関係の下で育っていた。そのような環境のなかで，彼は自分を支えてくれる家族の存在を実感できず，自分を護ってくれるおとなは誰なのかわからず，おとなへの不信感を募らせていた。

　入所してきた子どもたちは，これまでの生活で，十分に世話をして貰えなかったり，生活体験が不足していたりする。さらに，おとなに対する不信感・敵意をもっている。このような子どもたちには，まず「当たり前の生活」を保

障することが必要である。1人ひとりに，食事がきちんと用意され，季節に合わせた清潔な衣服を整えてもらえる。自分の寝る場所，座る場所が確保される。「成績が悪い，おねしょをした」など，おとなの理屈で罰として食事や布団が取り上げられることがない暮らしを確保されなければならない。とくに彼らには，1人ひとり個別に抱いている怒りや失望，不安などが解消されるまで時間をかけて寄り添い，「あなたは愛される価値のある子ども」だということを伝える必要がある。一説によれば，虐待体験を克服するには虐待を受けてきた時間の2，3倍の時間が必要といわれている。それが保障されて初めて，子どもたちの「自立」に向けた姿勢（自分がどのように生きていきたいか希望をもち，それに向けて努力していくこと）が形成されるのである。

2　施設内での不適切なかかわり

　しかし，現在の児童福祉施設の体制は，人的にも，物理的にも，時間的にもそれを保障するには貧困な状況であり，子どもが必要としているかかわりを十分にできない現状にある。
　最近，児童福祉施設において，職員が子どもに対し「不適切なかかわり」[1]をしていることが問題になり，「施設職員による子ども虐待」（施設内虐待）としてマスコミでさまざまな報道がなされている。その内容をみると，身体的虐待，心理的虐待，性的虐待など，まさに保護者による虐待と同様の内容である。
　ある児童養護施設で5歳の子どもが夜尿をしたとき，保育士は他の子どもたちが見ているなかでその子に布団を干させ，さらに罰として正座をさせたという。別の児童養護施設でボランティアをした学生は，「入浴を補助しているとき，3歳の入所児が浴槽で遊んでいて，なかなか出てこようとしなかった。どうしたらいいか職員に聞いたら，電気を消して真っ暗にすると飛び出してくるよと言われたので，そうしてみたらすぐ飛び出してきて，うまくいった」と話していた。これは，その子どもがどのような背景をもって入所し，暗闇がその子にとってどのような意味をもつのかという配慮がないまま，子どもの恐怖心

をあおるような，疑問のある対応である。さらに別の施設では，子どもの下着を複数の子どもで着まわし，さらに小さくなった下着は「お下がり」として小さい子どもに着用させていた。子どもの成長は早いので，次々と成長に合わせて新しいものを買うのは「もったいない」という理由からである。安心できる環境で虐待の傷を癒されるはずの児童養護施設で，さらにこのようなことが繰り返されていることを知ると，暗澹（あんたん）とした気持ちになる。

　夜尿の事例は，おそらく夜尿についての基本的な知識や対応について，職員が学んでいなかったことが想像される。電気を消すという対応は，子どもの側よりも職員側の「早く入浴を終わらせたい」という都合を優先した対応であり，また，これが子どもにとってどのような影響があるかを吟味しないまま，経験主義的に職員間に引き継がれていたのであろう。子どもの下着の使いまわしは，昭和30〜40年代の措置費が非常に乏しかったときからの慣習を，平成の時代になっても踏襲（とうしゅう）していたのであろう。しかし，このような対応は，子どもにとっては不適切なかかわりであり，また不適切な措置費の運用でもある。

　これらの事例は「不適切なかかわり」という問題意識の下に検討され，改善されなければならない。しかし問題としなければならないのは，そのようなかかわりを内部で「問題」として認識できないこと，また外部に対してそのような実態を隠蔽しようという体質が施設側にあるのではないか，という点である。

　一方で，職員からのかかわりの問題だけではなく，「子ども間の暴力」や，「子どもから職員に対する暴力」の存在に注目する必要がある。東京都社会福祉協議会・児童部会では，2007年に「児童養護施設における児童の暴力問題に関する調査」を実施した[2]。その結果，「児童間の身体的暴力」については，1週間の調査期間中に児童間の身体的暴力が起きた施設は，24施設（回答施設の50％）で，調査期間における児童間の身体的暴力の総数は，99件であった。本調査により，児童養護施設内の児童間の身体的暴力が深刻な状態にあり，児童養護施設において「子どもの安心と安全が守られているのか」が問われる結果であった。さらに，子どもからの対職員暴力の調査（対象とした暴力は，身体的暴力，器物破損，凶器による脅し，言葉による脅しなど）では，児童から暴力

を受けた職員は全体の7割であり，また1年以内に暴力を受けた職員は約4割だが，3年未満の女性職員では，1年以内に暴力を受けた割合は5割を超えていた。今回の調査結果は，被虐待児童の入所の増加が暴力をふるう子どもの増加と密接にかかわっていることが予想されていたが，その実態を明らかにした初めての調査であり，画期的なものである。

この調査報告では「厳しい現実に対して，施設現場では様々な取り組みが行われており，一定の成果を上げていることを明らかにできた」し，「また，今後の取り組みについても様々なプランが構想されていることも分かった」としているが，同時に，「実際，高齢児の暴力行為に対しての対応策には行き詰まりを感じている。どうしてよいのかわからないというのが現状」という意見に見られるように，この問題に対して有効な対応策を見いだせていない施設があることも事実である。児童養護施設は，被虐待児が入所児童の大半となり，事実上，被虐待児の保護施設になっているが，制度もシステムも，この急激な変化に対応しきれていない。そのなかで，職員の不適切なかかわりだけではなく，子ども間，子どもと職員間での不適切なかかわりが発生していることに留意しなければならないだろう。

3 「不適切なかかわり」の背景

児童養護施設における「不適切なかかわり」を考察していくと，個々の問題は個別の施設，個別の職員の問題であるとともに，構造的に児童養護施設が共通してもつ問題であることにも気づく。

(1) 児童養護施設のハイリスク構造

児童養護施設の定員割れが問題になったのは，1990年前後であった。1998年度には全国平均で入所率77.8％であった。財政的には「格差是正」問題が生じたが，職員にとっては，その程度の入所率が適度な生活空間だという実感があったように思う。ところが，入所率は2000年度には85％を超え，大都市部

では100%近い入所率の施設も少なくない状況に転じた。しかし，1997年の児童福祉法改正によっても児童福祉施設最低基準の抜本的改正はなされなかった。限られた空間に，定員一杯の子どもが暮らさなければならない環境が，各地の児童養護施設に生じ，ストレス環境となっている。

児童福祉法第41条では，児童養護施設入所対象児童を「虐待された児童」としているので紛らわしいのだが，児童福祉法第34条で定められた「児童虐待禁止」の定義は，「児童労働の禁止」と「人身売買」という1933年の児童虐待防止法を踏襲するものであり，現在の児童虐待の定義とは異なる。つまり，児童養護施設の最低基準は，現在の被虐待児を対象に定められた基準ではなく，被虐待の子どもの入所に対応する環境・設備となっていない実情がある。

そこに，虐待環境で生育した子どもが入所してきていることは先に述べた。彼らの多くは，虐待経験から適切な対人関係を学ぶ機会を得られなかった。彼らは，施設入所後もそれ以前のおとなとの虐待関係を再現する傾向がある。職員への「試し行動」は激化し，職員は常にその行動にさらされているといっても過言ではない。両者の関係は常に緊張状態にあるといえるだろう。

そのような状況下で，子どもたちの「試し行動」を受け止める余裕を失い，あるいは他の職員への攻撃をとめようとしたときその方法がわからないまま，「不適切なかかわり」をしてしまうリスクを，多くの職員は負っている。

このように，不適切なかかわりを招く環境は，問題が表面化している施設に限らず，少なくない施設に共通してある。そこでは，「いつでも，どこでも，誰でも」が入所児童に対して不適切なかかわりを行う可能性があるといえる。

（2）不適切なかかわりを招く職場の環境

あいつぐ「職員の不適切なかかわり」の背景には「取り扱いの難しい子ども」と「対応の未熟な職員」があると考えられている[3]。このような見解は現在も根強く，それがさらに矮小化され「一部の職員の個人的資質」と「直接の管理者（施設長）の管理能力の問題」というきわめて個人的な問題として論じられ，「組織，システムの機能不全」問題というとらえ方は弱い。しかし，

実際に「職員の不適切なかかわり」を招くのは、児童養護施設職員がおかれている職場環境の問題が大きいといえる。

知的障害者施設における体罰問題について西原は、「原則を身につけている場合とそうではない場合の対応の違い」について述べている[4]。原則とは、利用者の人権擁護と、職員は権利侵害をしてはいけないという倫理を理解し、実践するという原則である。職員がそれを身につけている場合とそうでない場合に、利用者に体罰をしてしまったときの対応を図解すれば、図13-1のとおりである。

問題が発生した場合、これが原則に反した行動であるという自覚をもつかもたないかは、個人の問題としてとらえられるだろう。しかし、それを職場内で報告できる環境にあるかないかは、きわめて職場集団の問題である。もしそこ

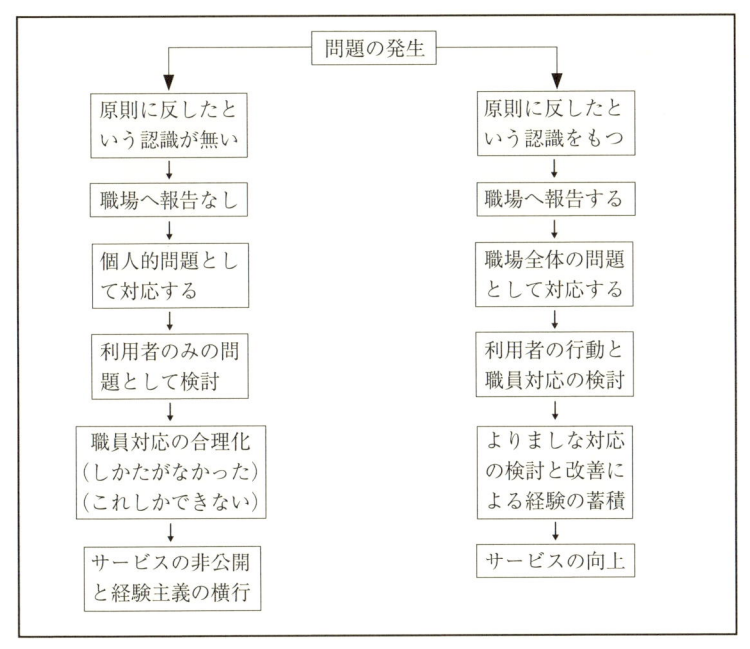

```
               問題の発生
              ↙        ↘
   原則に反したと        原則に反したと
   いう認識が無い        いう認識をもつ
        ↓                  ↓
   職場へ報告なし        職場へ報告する
        ↓                  ↓
   個人的問題とし        職場全体の問題
   て対応する            として対応する
        ↓                  ↓
   利用者のみの問        利用者の行動と
   題として検討          職員対応の検討
        ↓                  ↓
   職員対応の合理化      よりましな対応
   （しかたがなかった）  の検討と改善に
   （これしかできない）  よる経験の蓄積
        ↓                  ↓
   サービスの非公開      サービスの向上
   と経験主義の横行
```

図13-1　利用者に体罰をした場合の対応

西原雄二郎（1996）「知的障害児者施設における"体罰"について」（ルーテル学院大学社会福祉研究室）より著者作成。

で，その対応が個人の問題であるとされ，その責を個人が負わされるならば，不適切な対応やその前の疑問や不安でさえ，職員は表明することができず，逆に隠蔽しようとするだろう。そして，それは利用者の問題のみに帰結し，結果的に経験主義に陥ってしまうだろう。もし，職場内でオープンに報告・相談できるような環境であれば，不適切なかかわりが重大な人権侵害になる前に，予防や「よりましな対応」ができることも少なくないはずである。

4 「不適切なかかわり」が起きた場合の対応 ——リスクマネジメントの必要性

（1）阪神・淡路大震災，新潟中越地震の教訓

　このような現状に対し，児童養護施設側も関係者も手をこまねいているわけではない。全国児童養護施設協議会は，2006年の第60回全国児童養護施設長研究協議会において，「子ども・家庭福祉の明日に向けた宣言」を行い，「いかなる理由があろうとも，体罰や不適切な関わりによる一切の子どもへの権利侵害を否定」すること，「これまで培ってきた養育のあり方を検証」し，「子どもの最善の利益」を保障すること等を改めて宣言している（表13-1参照）。

　また，児童福祉法第33条の11で施設職員等は措置されている子どもに対して「心身に有害な影響を及ぼす行為（不適切なかかわり）をしてはならない」ことを改めて規定し，施設内での虐待予防と問題が発生した場合の「ガイドライン」を示した。ガイドラインでは，施設内で虐待が発生した場合の対応も示している。

　これらの整備と関係者への喚起によって，今後問題の発生予防と問題が起こった場合の迅速な対応が期待できるだろう。

　さらに，このようなシステムとともに，個々の施設における「リスクマネジメント」を徹底する必要がある。「リスクマネジメント」とは，「危機管理」「危険管理」という意味である。それは，「人々の生命や心身等に危害をもたら

表13-1　子ども・家庭福祉の明日に向けた宣言

　わが国は，急速に進行する少子化の中で，「家庭における養育機能の低下」をキーワードとする家庭内養育不全の状況が進行しております。とりわけ，近年の家庭内虐待やDVの急速な顕在化は，社会的養護を必要とする子どもたちの急増と，その子どもたちの発達課題の重篤化につながっています。
　そのため児童養護施設では，満床状態に加え重い心的課題を抱え個別的，治療的ケアを要する子どもたちが増加し，その養育に混迷・混乱が生じている現状です。
　こうした中，児童養護施設における子どもへの体罰や不適切な関わりなど重大な権利侵害事件が発生しており，極めて残念と言わざるをえません。
　児童養護施設は，いつの時代も社会でもっとも弱い立場にある子どもたちの権利を守り，子どもたちの安心，安全の拠点であり続けなければなりません。
　しかし，今日の社会的養護のシステムは，戦後の孤児対策として「収容保護パラダイム」を枠組みとした「制度」と「養育」のままにあるといっても過言ではありません。
　今日の重い発達課題を抱える子どもたちの回復と，その『子どもの最善の利益』を実現するためには，子どもの発達保障を機軸とする制度，施策の実現が急務な課題であります。
　第60回全国児童養護施設長研究協議会記念大会を迎え，私たち児童養護施設関係者は，真に子どもの権利擁護と自立支援を旨とし，すべての子どもたちの『最善の利益』の実現に向けてその活動に取り組むべく次のとおり宣言します。
一．わたしたちは，いかなる理由があろうと，体罰や不適切な関わりによる一切の子どもへの権利侵害を否定し，すべての子どもの権利擁護と自立支援に努めます。
一．わたしたちは，これまで培ってきた養育のあり方を検証するとともに，自らの専門性，援助技術の向上に努め，『子どもの最善の利益』の保障に資するとともに，培った養育機能を地域社会の子育て支援・虐待防止に活かし，すべての子どもたちの健やかな発達に貢献します。
一．わたしたちは，子どもがわが国の未来であるとの視点と，国家百年の大計に立って「子どもの発達保障を明確に捉えた子ども家庭福祉制度」の確立をめざし，子ども家庭福祉機関，組織と連携協力し，その実現に取り組みます。
平成18年11月22日
　　　　　　　　　　　　第60回全国児童養護施設長研究協議会　全国児童養護施設協議会

すさまざまな危険に対して可能な限りそれを予見し，あるいはそれを予防することで危険を回避すること」であり，また，「万が一危険に遭遇した場合には，その被害や損害を最小限に制御するための適切な処理をすること」である。
　「いつでも，どこでも，誰でも」入所児童に対して不適切なかかわりを行う可能性がある児童養護施設において，もし重大な人権侵害が起こった場合には，このようなリスクマネジメントの有無がその後の方向性を左右する。

児童養護施設でも，これまでリスクマネジメントによって大きな困難を克服してきた経験がある。近年では，地震災害を被った児童養護施設の対応に関して，「リスクマネジメント」の概念と必要性が確認された。この経験を，入所児童の権利擁護に活かすことが必要だろう。以下に，その教訓を具体的に示そう。

　1995（平成7）年1月17日未明に起こった大地震，のちに「阪神・淡路大震災」と命名された大災害では，その地域にある児童養護施設も例外なく被害をこうむった。兵庫県内の14施設のほとんどが，程度の差はあれ建物が損壊し，人的被害では死者が出たばかりではなく，身近な親しい人を失うという精神面，生活面での多くのストレスを子どもも職員も抱えたという。それから約10年を経過した2004年，今度は新潟中越地域の児童養護施設が，集中豪雨，地震，豪雪とあいつぐ自然災害に見舞われたが，阪神・淡路大震災の救援活動の教訓から，災害時の救援，ネットワークのあり方，平時からの交流や情報の共有化などが教訓として得られた。自然災害を体験した当事者は，災害時における教訓を「それまで何とはなしに大丈夫だと思っていた自然災害や，予期せずに巻き込まれる事故への『危機対応』」として，次のように整理している。

(1)「日常的な避難訓練」の有効性が確認された。
(2) 災害に遭遇したときに，まず初めに対応しなければならないのは「現状把握，安否確認」であった。
(3)「近隣施設への支援要請」が有効であった。
　　支援要請については，初期段階に「全国的な支援」を要請しても，刻々と推移する事態と実際の対応に時差が生じることや，支援者や支援物資の受け入れ態勢が整わないことから，このような教訓が得られた。
(4)「支援活動の組織化」が必要で，有効であった。
　　初期段階で「支援本部」を確立し，そこに権限を集中した。危機状況における教訓は，リーダーを明確にすることであった。リーダーに求められる資質は，地域資源・人的資源とのつながりを含めた力量が備わっていることと，そのリーダーを支えるメンバー（個人・団体）の組織化だという。

(5) 恒常的なサポート体制，部署を作る必要があった。

　緊急的な対応が一段落した後は，「支援本部」を継続的な支援体制へと移行させ活動を行った。そこでは，日常的な専門家の協力と助言を求めながら，「情報の共有化」と「過去の経験の共有化」を図っていった。

　緊急時以後の課題は，「生活の質の向上」と「心のケア」を図ることであった。「生活の質」に関しては，出来うる限りのスピードをもって復旧が図られた。しかし，「心のケア」すなわちストレス・マネジメントに関しては，専門家の協力をえながら慎重に進められた。

　震災後半年の入所児童のストレス度の高さと，職員の疲労困憊は，相当大きなものであった。専門家によるレポートからは，入所児童のストレス度は，一般家庭の子どもよりも高い数値を示していることが報告され，より手厚いケアの必要性が指摘されている。彼らのストレスは，直接的な地震体験だけではなく，家族との人間関係によるストレスが要因であることも指摘された。このような経験から，児童養護施設入所児童のストレスケアが注目されたことは意義深い。

　さらに，子どもだけではなく，職員のストレスケアにも注目する必要があった。当時のレポートを読めば，職員自身も被災者であり，個人生活上のさまざまな課題をかかえながら，また親しい人間関係の喪失を同時に体験しながら，子どもたちのケアをするという極限状況にあったことが理解され，職員のストレスケアも重要な課題だったのである。

　被災者への支援は，このように長期にわたって継続的に行われる必要があった。また，その際の支援のあり方は，「支える側の論理」から，「支えられる側の論理」を基本に展開されることが重要であったと，関係者は異口同音に指摘している。支援される側の「論理」とは，「すべての判断と行動は支援される側の立場に立って行う」ことを基本方針にすえるという論理である。

(2) 児童養護施設職員の「不適切なかかわり」への対応

　自然災害における「リスクマネジメント」の教訓は，児童養護施設内の職員

の不適切なかかわりに関しても生かされるだろう。

「可能な限りそれを予見・予防」するためには，日常業務のなかで，リスク予測の認識を常にもちながら仕事に従事することが必要である。このことは，「ハインリッヒの法則」からも証明される。アメリカでハインリッヒは労働災害の発生確率を分析し，それを法則化した。1つの「重大災害」(問題) の前には，29のかすり傷程度の「軽度の災害」(ミステーク) があり，その前には300の災害につながる「ひやり」とする体験 (予兆) があったという。そこで，重大な問題発生の前にそれを予見するには，「軽度の問題」，さらにそれ以前の問題を予兆させるような段階で，情報を分析し，予防対策をとることが重要であるとしている。それとともに，「危険に遭遇した場合」にも，これまでの経験から教訓を導き出し，「被害や損害を最小限に制御する」ことが求められている。

これをふまえてこれまでの対応を検証してみよう。

「施設内虐待」問題が顕在化するのは，施設自らが公表するよりも，子どもや職員の告発などによる場合が多く，また，その後の報道で施設側から情報開示されることは少なかったといえる。

一方で，「不適切なかかわり」をしている施設側には，いくつかの共通する特徴がある。1つは，「閉鎖的な環境」と「旧来の処遇方法」の踏襲がうかがわれるような実態である。「閉鎖的な環境」とは，「かかわりの難しい子ども」の処遇を自分たちの施設だけでなんとか解決しようと抱え込んでしまうことであり，彼らへの支援ネットワークを形成することや，そのための情報開示をすることが不十分であることをいう。そして，外部とのネットワークをもたない場合，子どもへのかかわりも「旧来の方法」すなわち，おとなが力でおさえこむという方法によらざるをえなかったであろう。子どもたちは入所以前のおとなとの関係や経験から，内部に怒りを包摂している。「衣食住の生活環境を整えれば安定した生活を営める」という認識だけでは対応できなくなっている。そのギャップを認識せず，荒れる子どもたちに対して従来行われてきた「力による支配」だけで統制しようとしても，効果がないばかりではなく，不適切な

かかわりという指摘を受けざるをえないことを，施設側は認識すべきであったろう。

　また，職員の経験年数をみると，少数の長期間勤務経験者と多くの短期で退職する職員構成が目に付いた。新人の職員が短期間で退職していくのであれば，新任職員は旧来の処遇方法を真似ることで精一杯であろうし，ベテラン職員は新任職員の対応できない部分を埋めるために，子どもを管理し，抑圧することでかろうじて集団のバランスを保っている状況が想像される。

　さらに，問題が表面化した際に，理事会が機能しないことも特徴的である。自然災害時の教訓では，危機状況における教訓として，地域資源・人的資源とのつながりを含めたリーダーの力量が問われることと，そのリーダーを支えるメンバー（個人・団体）の合意が重要だという点をあげた。しかし，「子どもへの不適切なかかわり」が問題となったとき，理事会（理事長）がリーダーシップを発揮して危機管理にあたることは少なく，多くが施設長まかせであった。あるいは，理事会自体が問題を隠蔽する方向で動くなど，リスクマネジメントのあり方とは逆方向のリーダーシップを発揮し，事態を混乱させることもあった。平常時でのリーダーシップのあり方や理事会機能のあり方に問題がなかったか検討する必要もうかがわせた。

　阪神・淡路大震災，新潟中越地震では，事前に予見し，予防対策をとることは十分ではなかった。しかし，「危機に遭遇した体験」から教訓を導き出し，今後の被害や損害を最小限に制御することを，身をもって学んだはずである。しかし，「不適切なかかわり」が表面化したとき，その情報の公開と教訓の共有化が必要であるにもかかわらず，それが十分になされない印象をもつ。それを「特別な施設」に起こったとしてとらえ，そこから何を自分たちの教訓として学ぶべきかという議論が不足していた。

　さらに，支援体制を組んだとしても緊急時の支援に終始し，継続的な支援体制となっていなかったのではないか。そして，周囲は改善結果を性急に求めようとしすぎてはいないか。支援がなされたとしても，「支援される側の論理」に立てていたか反省してみなければならないだろう。

また,「不適切なかかわり」が起きたとき,子どものストレスケアに関する注意をはらうと同時に,「職員のケア」という視点ももたなければならない。問題が起こったからといって,日々の業務は中断できない。批判にさらされながら,それでも日々の施設生活を維持し,子どもたちのケアを継続させなければならない職員たちへのストレスケアも,重要な課題となるはずである。

　施設内での不適切なかかわりを防ぎ,子どもの権利を擁護できる施設環境を整えることに,関係者全員が取り組まなければならないのである。

（村井美紀）

■注
（1）これまでマスコミを中心に,本来保護されるべきはずの子どもたちに対し,職員が加害者となって人権侵害がなされることを「施設内虐待」と表現していた。しかし,近年は職員と子ども間だけではなく,入所している子ども間の人権侵害,たとえば子ども間での暴力や性的虐待も問題になっており,これを見過ごす,あるいは黙認することも問題とすべきと考え,本稿ではそれを含めて「職員の子どもへの不適切なかかわり」と表現する。
（2）東京都社会福祉協議会児童部会調査報告（2008）より
（3）1998年2月3日朝日新聞記事より
（4）西原雄二郎（1996）「知的障害児者施設における"体罰"について」（ルーテル学院大学社会福祉研究室）

14章 職員の育成, 倫理, メンタルヘルス

児童養護施設では，子どもの日常的な世話や指導を行う直接処遇職員として保育士と児童指導員がいる。保育士は児童福祉法第18条にもとづいた国家資格であり，児童指導員は児童福祉施設最低基準第43条にもとづいた任用資格である。保育士と児童指導員の役割が区別されることもあるが現場では明確な資格による役割分担がないことが多く，施設の特徴や職員の経験年数により決められる傾向にある。従って，ここでは保育士と児童指導員を区別せずに直接処遇職員（以降職員と省略）と表現する。この14章では，職員の育成，職員に求められる倫理，職員のメンタルヘルスについて考える。

1 職員の育成

職員の育成とは，直接処遇職員の専門性の向上のための教育的活動のことを意味する。この1では職員の育成の必要性，求められる専門性，職員の育成方法を考える。

(1) 職員の育成の必要性

児童養護施設の現場では職員の専門性の向上はとくに重要な課題である。その理由として以下の現状がある。

①保育士養成教育の課題　　職員の多くは保育士養成教育を終了し，児童養

護施設に採用されている。しかし，保育士養成教育の教育内容は乳幼児保育に偏っており，児童養護施設の職員に求められている専門性に対して十分な内容ではない。とくに，社会的養護を経験する子どもへの理解，日常生活における援助，施設養護の価値観や倫理について十分に強調されていない。したがって，保育士養成教育で不足している内容を補うためには職員の育成は必要である。

②児童指導員任用資格の課題　児童指導員の資格は児童福祉施設最低基準第43条に明記されている条件を満たしている者が児童養護施設に採用されることで用いられる資格である。注目しなければならないのはその条件である。表14-1に示されているように，7つの条件のうち1つを満たせばよいこととなっており，異なった教育や経験のある者が児童指導員になることができる。施設側から考えると，幅広い人材から職員を選べることや男子職員を採用しやすくなる資格条件であることはメリットである。しかし，社会的養護や援助技術の基礎を学んでいない，または児童養護施設で実習も経験していない者が職員として採用されることとなる。児童指導員として採用される職員が施設養護の基本的な理解を得るためには職員の育成は欠かせない。

③虐待を経験している子どもの増加　最近発表された児童養護施設入所児童等調査結果（2009）によると児童養護施設の子どものうち，入所する前にな

表14-1　児童指導員の資格条件

児童指導員は次のいずれかに該当する者でなければならない
① 児童福祉施設の職員を養成する学校を卒業した者
② 大学の学部で，心理学，教育学若しくは社会学を専修する学科を卒業した者
③ 大学の学部で，心理学，教育学又は社会学に関する科目の単位を優秀な成績で修得したことにより，大学院への入学を認められた者
④ 大学院において，心理学，教育学若しくは社会学を専攻し卒業した者
⑤ 外国の大学において，心理学，教育学若しくは社会学を専修する学科を卒業した者
⑥ 高等学校若しくは中等教育学校を卒業した者（など）であって，2年以上児童福祉事業に従事した者
⑦ 小学校，中学校，高等学校（など）の教諭となる資格を有している者
⑧ 3年以上児童福祉事業に従事した者

（児童福祉施設最低基準第43条）（一部省略）

んらかの親からの虐待を経験している子どもは全体の53.4%である。この事実は単に多くの子どもが過酷な経験をしていることを示しているだけでなく，多くの子どもは健全な成長や発達を妨げるトラウマを抱えていることを指している。このトラウマは，「愛着形成の問題」「低い自尊心・自己肯定感」「共感する能力の未熟さ」「感情を抑制する能力の欠如」などという発達上の問題を引き起こす。さらにこれらの問題は日常生活に限らず，教育や自立を深く妨げる危険性がある。このように困難な問題を抱えている子どもに対して職員が援助的なかかわりを実践するためには施設側は常に職員の育成とサポートを意識する必要がある。

④直接処遇職員の役割の拡大　児童養護施設における従来の直接処遇職員の役割は子どもに対する安定した生活環境の提供であった。具体的には，生活環境の維持（洗濯，掃除，調理など）と日常生活における子どもの欲求の充足（規則正しい生活習慣，遊び，学習，しつけなど）が主な内容であった。しかし，1997年の児童福祉法改正に伴い，児童養護施設の目的（第41条）である子どもの養育環境の提供に「自立支援」が付け加えられ，職員の役割は拡大された。子どもの「自立支援」の一環として日常生活による援助的なかかわり，家族調整，子どもの生活能力への援助や子どもの退所後のアフターケアなどが期待されるようになった。社会的養護に与えられた役割が拡大するなか，職員の育成は緊急課題である。

（2）直接処遇職員に求められている専門性

児童養護施設の職員にはどのような専門性が必要であろうか。

残念ながら職員に求められている専門性を明確に示す基準や見解は見当たらない。現場では，子どもの日常生活における世話（保育）から個別的な援助までの幅広い専門性が必要であるとの統一された認識があるが，この専門性の内容は明らかではない。しかし，職員の育成を考えるためには専門性の枠組みが必要である。ここでは社会福祉援助の基礎要素（価値観，知識，援助技術）を参考に，職員に求められる専門性の枠組みを提示する。図14-1にその専門性

の基本的な枠組みが示されている。

①価値観・倫理　社会福祉のどの分野においても専門性の基盤となるのが価値観や倫理である。価値観とは、もっとも基本・大切とされている「考え方」であり、倫理とはその「行動基準」である。施設職員の価値観や倫理を示すものとして全国児童養護施設協議会の倫理綱領があげる。図14-1には倫理綱領の最初の4項目を示している。第1項目は「子どもの最善の利益を最優先した養育をおこないます」であり、社会的養護の基本的な姿勢を示すものである。第2項目は「子どもの理解と受容、信頼関係を大切にします」であり、子どもへの心構えを指している。第3項目は「子どもの自己決定と主体性の尊重につとめます」であり、子どもが主体的に行動できる養育環境の大切さを強調している。第4項目は「子どもと家族との関係を大切にした支援をおこないます」であり、子どもの親子関係やきょうだい関係の調整や維持を大切な援助活動として位置づけている。職員はこれらの価値観・倫理により判断をし、行動をと

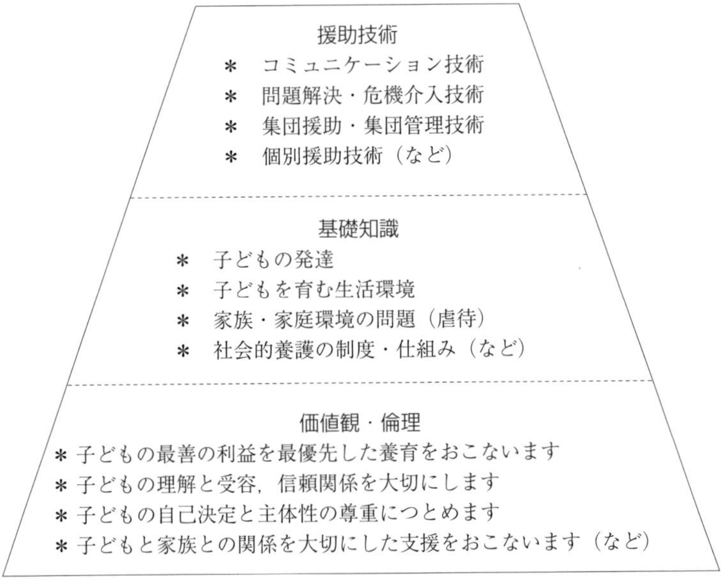

援助技術
* コミュニケーション技術
* 問題解決・危機介入技術
* 集団援助・集団管理技術
* 個別援助技術（など）

基礎知識
* 子どもの発達
* 子どもを育む生活環境
* 家族・家庭環境の問題（虐待）
* 社会的養護の制度・仕組み（など）

価値観・倫理
* 子どもの最善の利益を最優先した養育をおこないます
* 子どもの理解と受容、信頼関係を大切にします
* 子どもの自己決定と主体性の尊重につとめます
* 子どもと家族との関係を大切にした支援をおこないます（など）

図14-1　専門性の枠組み

ることが求められる（2では詳細に倫理綱領を説明する）。

②**基礎知識**　図14-1に示されている基礎知識はその方向性を示すものであり，それに限ったものではない。「子どもの発達」に関する知識の必要性はいうまでもない。ただし，職員は乳幼児期に限らず，学童期，思春期の発達に対する理解も欠かせない。「子どもを育む生活環境」とは子どもの基本的な欲求（たとえば，愛情や安心感）を満たす生活環境の特徴や条件に関する知識のことである。職員は集団生活の場で子どものあらゆる欲求を認識し，満たすことが求められる。

「家族・家庭環境の問題（虐待）」とは，家族や家族機能に対する基本的な知識のことを指す。家族関係の調整や維持が求められるいま，家族に対する理解は欠かせない。また，虐待を経験している子どもの言動を理解し，適切に対応するためには虐待に対する理解も必要である。「社会的養護の制度・仕組み」とは，子どもが施設措置になるまでの保護過程やその仕組みのことである。子どもが児童養護施設に措置されるまでの保護過程は必ずしも平坦なものではなく，長期な一時保護，複数の措置（乳児院，里親委託の破綻など）を経験している場合は珍しくない。その制度や子どもの経験を理解することは職員にとって必要である。

③**援助技術**　児童養護施設において職員に求められている援助技術は十分に強調されてきていない。しかし，職員が自分自身の養育経験や勘を頼りに子どもの養護を模索することは不適切な養育につながる危険性が高い。職員は援助技術を生かして，子どものあらゆる欲求の充足や援助に取り組むことが必要である。図14-1では，現場の実態や職員の役割に基づいて必要とされる援助技術を提示している。

「コミュニケーション技術」とは，感情，知識，情報などを上手く他人に伝達する技術のことであり，職員は子どもとの日常生活のなかで日々実践しなければならない技術である。子どもに「あなたは大切だよ」を表現すること，向き合って話し合うこと，的確に情報を伝えることなどは子ども養育では大切な活動である。当然，コミュニケーション技術は子どもとのかかわりに限った技

術ではなく，職員間のコミュニケーション（チームワーク）や他職種との連携においても欠かせない。「問題解決・危機介入技術」とは，子ども間の葛藤や子どもと職員の対立を，安全で教育的に解決する援助技術である。虐待を背景に，施設では子どもによる暴力（破壊行為，他児への暴力，職員への暴力など）は増えている傾向にあり，職員はこのような暴力に対応することが求められている（残念なことに問題解決や危機介入の方法論はほとんど確立されておらず，職員は独自の方法で試行錯誤しているのが現状である）。

「集団援助・集団管理技術」とは，集団に向けられる援助活動，生活環境の秩序や安全を保つことを目的とする援助技術のことである。施設養護の環境が小舎制であってもその内容は集団生活であり，職員はうまく集団に働きかけることが求められている。その集団が子どもにとって安心できる環境であることはもちろんのこと，社会性（礼儀や責任）と人間関係（同僚関係，おとなとの関係など）を学ぶ場として機能することも大切である。虐待を経験している子どもの増加を背景に崩壊寸前の集団生活が多く見られることもあり，「集団援助・集団管理技術」は強く求められている。「個別援助技術」とは子どもの特有な状況にあった個別援助を展開することを意味する。その基本は個別援助技術（ケースワーク）であるが，施設養護やその子どもに合った工夫が必要となる。職員がかかわる子どもの自立支援，家族調整，リービングケア，アフターケアは全て個別援助であり，援助技術が求められる。

（3）直接処遇職員の育成

職員の専門性の向上のためにどのような育成方法があるのか。

保育士の養成教育や児童指導員のあらゆる教育的な背景を考えても，職員は現場で子どもの養育にかかわる以前に，十分な専門性を得ていない。従って，施設側は職員の育成（職場教育）に積極的に取り組むことが求められる。児童福祉施設最低基準の第7条の2では「児童福祉施設は，職員に対してその資質の向上のための研修の機会を確保しなければならない」と記載されており，児童養護施設が職員の育成に取り組む法的な裏付けとなる。ここでは職員の育成

方法であるスーパーヴィジョン,施設内研修,施設外研修を紹介する。

①スーパーヴィジョン　児童養護施設で職員を育成する方法としてスーパーヴィジョンがある。スーパーヴィジョンを直訳すると「指導,監督」を意味するが,その性格はもっと教育的・支持的なものである。正確に定義すると,スーパーヴィジョンとは実践経験者や専門性のある者(スーパーバイザー)による指導的,教育的,または支持的なかかわりである。児童養護施設ではスーパーヴィジョンは職員1人または数人(グループ・スーパーヴィジョン)に対して行うことができ,職員が現在行っている養護内容や援助活動が焦点となる。最大の特徴は,職員が現在(今)行われている援助に対してスーパーバイザーは倫理面,知識面,援助面の指導や教育を行うことにある。

スーパーヴィジョンの支持的な役割も大切であり,スーパーヴィジョンを通して職員の精神状態の確認や燃え尽きないための支持や指導を行うことも含まれる。スーパーヴィジョンが効果的に行われるためには定期的に行うことが前提となる。残念ながら児童養護施設ではスーパーヴィジョンの概念は理解されているものの,スーパーヴィジョンを実践している施設は少ない。その背景にはスーパーバイザーとしてふさわしい人材がいないことやスーパーヴィジョンを行う時間を確保できないなどがある。職員会議やケース会議と同一視されることもあるが,スーパーヴィジョンは根本的に違う活動である。職員を育成するもっとも効果的な方法であるので,スーパーヴィジョンの普及が求められる。

②施設内研修　施設内研修とは,直接処遇職員が必要としている教育を施設内の研修を通して行うことを意味する。研修を施設内の職員(たとえば,家族支援専門相談員,心理職,主任)が行うこともあれば外部の先生(たとえば,他の施設の施設長,大学の教員)を講師として招くこともある。施設内研修の最大の特長は,施設側は職員が必要としている研修を計画できることと,施設内で行われるため多くの職員が参加し,同じ内容を学ぶことにある。しかし,施設により施設内研修への姿勢は異なり,施設内研修に力をいれない施設も少なくはない。積極的に施設内研修に取り組んでいるある児童養護施設では,毎年職員のなかから施設内研修委員3名が任命され,年間計画を立て,研修の計画

と運営を行っている。施設内研修の基本的な目的として新任職員の養護技術の向上と全職員のあらゆるテーマに対する認識の統一とをあげている。毎年，約6回にわたり施設内研修を行っている（土屋，2006）。

　③施設外研修　　施設外研修とは，職員に施設外の研修を受けさせることを意味する。施設職員のための研修を企画している専門機関として社会福祉協議会，横浜にある子ども虹情報研修センター，日本子ども家庭総合研究所などがある。多くの場合，職員研修は新任職員，中堅職員，指導職員などと経験や役割により区別され企画される。施設外研修の最大の特長はさまざまなテーマに対する研修を受けられることや，他の施設の職員との交流もできることにある。施設外研修のデメリットは，専門機関が企画する内容であるので，職員が求めている内容とずれがあったり，職員が勤務する施設に合わない内容になることもある。施設によるが，施設外研修を中堅やベテラン職員に限定する施設もある。

2　施設養護の倫理

　直接処遇職員の価値観や倫理に対する意識は十分でないとの指摘が多い。この②では，「全国児童養護施設協議会倫理綱領」を中心に職員に求められる倫理観を考える。

　2010年5月に「全国児童養護施設協議会倫理綱領」が策定された。「保育士倫理要綱」（2003年採択）や「日本ソーシャルワーカー協会の倫理綱領」（2005年承認）も存在するが，この倫理綱領は職員や施設養護関係者に求められる価値観や倫理を明確にしている。表14-2にはその倫理綱領の内容が「原則」と「使命」を除いた形で明記されている。ページ数の制約があるので3つの倫理的原則に限って考察する。

　①子どもの利益を最優先した養育　　子ども1人ひとりの養育の営みのなかで，職員は子どもの最善の利益を優先することを意味する。「子どもの最善の利益」の由来は，「子どもの権利条約」にある。「子どもの最善の利益」は「子

どもの権利条約」の基本的な理念であり，社会福祉施設（たとえば，児童相談所や児童養護施設）などが子どもに対して措置をとる（たとえば，子どもを親から保護する，子どもを施設に措置する，子どもを親元に帰すなど）に当たって，子ども自身の利益（とくに健康な成長や発達）が優先的に考慮されなければならないという考え方である。

　子どもの養育の実践では，この「子どもの最善の利益」の理念がとくに子どもの養護内容や養護方針に生かされることが求められる。職員は子どもの養護内容や養護方針の判断にかかわる立場に置かれる（たとえば，子どもの部屋替えをする，子どものボランティアとの外出を認める，子どもを学校の特別支援学級に入れる，子どもの家庭復帰を認めるなどの判断）。これらの判断はおとな・親・施設などの都合や要望よりも「子どもの最善の利益」を優先した内容でなければならない。人間は自分の利益や強い立場のひとの利益を意識・無意識的に優先する傾向にある。「子どもの最善の利益」の理念は，弱い立場にいる子どもをこの傾向から守るための基本的な倫理である。

　②子どものプライバシーの尊重と秘密保持　　最近の児童養護施設の現場では「子どものプライバシー」という言葉が多く使われるようになった。しかし，「子どものプライバシー」とは何を意味するのだろうか。広辞苑ではプライバシーは「他人の干渉を許さない，各個人の私生活上の自由」と定義されている。当然，子どもに対して全く干渉しない，日常生活を完全に自由にすることは子どもの養育上望ましくない。しかし，子どもはその年齢や発達に応じた干渉されない，自由に行動できる時間・空間が必要である。施設養護の現場では子どもを管理・拘束し，おとなが干渉しすぎる危険性がある。職員は子どもの年齢や発達に応じたプライバシーの実現に努めなければならない。

　プライバシーの尊重の一環として秘密保持がある。職員が不注意に子どもや家族に関する情報を周囲に漏らすことはプライバシー侵害の一種である。したがって職員は子どもや家族の情報（秘密）を守る姿勢をもつことが必要である。しかし，職員は子どもの支援を目的に情報提供を行わなければならない場面も少なくない（たとえば職員との情報共有，学校の先生との連携，児童福祉司への近

表14-2　全国児童養護施設協議会倫理綱領

① 「私たちは，子どもの利益を最優先した養育をおこないます」
② 「私たちは，子どもの理解と受容，信頼関係を大切にします」
③ 「私たちは，子どもの自己決定と主体性の尊重につとめます」
④ 「私たちは，子どもと家族との関係を大切にした支援をおこないます」
⑤ 「私たちは，子どものプライバシーの尊重と秘密を保持します」
⑥ 「私たちは，子どもへの差別・虐待を許さず，権利侵害の防止につとめます」
⑦ 「私たちは，最良の養育実践を行うために専門性の向上をはかります」
⑧ 「私たちは，関係機関や地域と連携し，子どもを育みます」
⑨ 「私たちは，地域福祉への積極的な参加と協力につとめます」
⑩ 「私たちは，常に施設環境および運営の改善向上につとめます」

(全国児童養護施設協議会，2010年5月17日策定)

況報告など)。このような場面での判断基準は情報の提供が「子どもの援助に必要であるか」になる。地域との交流が求められるなか，秘密保持に関する判断が難しくなっている現状にある。職員には，主任などと相談しながら守秘義務や情報提供のことがらについて確認する姿勢が大切である。

　③子どもへの人権侵害の防止　　現在，施設養護でもっとも注目されている人権侵害は施設職員による入所児童への虐待である。要するに，子どもの権利を守る立場の職員が子どもに対して暴力的な言動や性的なかかわりなどを行うことである。この施設内虐待の防止に努めることが職員に求められる。施設内虐待防止には「職員の自己覚知」と「権利擁護」の側面がある。「職員の自己覚知」とは，子どもとの日常生活のなかで職員は自分自身の精神状態（たとえば，ストレスや怒りなど）を認識し，必要に応じて暴力的なかかわりに陥らないように行動をとる。「権利擁護」とは，職員が施設内虐待を把握したときに子どもを守るために施設長に報告することなどを意味する。職員同士の信頼や協力が必要な職場環境では職員が報告をためらうことが多い。職員は専門性をもち，子どもの権利擁護を優先する倫理観が求められる。

3 職員のメンタルヘルス

　虐待を経験している子どもの増加などを背景に，施設養護における直接処遇職員のメンタルヘルスも課題となっている。ここではメンタルヘルスの問題と援助者支援を考える。

　メンタルヘルスとは，精神衛生のことであり，施設養護の労働環境では，被虐待児の養育の難しさに限らず，長い勤務時間（宿直も含む），変則的勤務体制や職員同士の人間関係などにより職員が精神的な疲労状態になりやすい。精神的な疲労状態に陥り，休養や退職に追い込まれることも珍しくない。

　①共感疲労　　研究を通して注目されているのが「共感疲労」と呼ばれる現象である。「共感疲労」とは，職員が子どもに対して共感的なかかわりをもつことにより蓄積される精神的な疲労のことを意味する。職員が子どもの養護にかかわるなか，ある程度の「共感疲労」を経験することは当然なことである。しかし，職員が熱心であるほど深刻な「共感疲労」に陥りやすくなる。その背景には2つの理由がある（藤岡，2008）。㋑職員が熱心に子どもと共感的なかかわりをするほど，子どもの悲しさや痛みなどを自分のことのように受け止め，「共感疲労」が溜まる。㋺職員が熱心に子どもと共感的なかかわりをするほど，子どもからの見返りを意識的・無意識的に期待する。しかし，虐待経験などを背景に子どもの多くは職員の期待とはうらはらにあまり有り難みを示さず，信頼関係を避けるなどの行動を日常的に繰り返す。この見返りのなさにより職員が子どもとのかかわりを通して生じる満足感（共感満足）も低くなり，さらなる「共感疲労」として累積される。

　②援助者支援　　従来，支援が必要ないことが専門性の証しとの考え方が主流であった。しかし，施設の労働環境や共感疲労などにより精神的な疲労状態（バーンアウト）に陥るリスクが高いことを認識し，施設側には積極的な援助者支援を行うことが求められる。援助者支援のカギとなるのは「共感満足」と「共感疲労」に対する理解である。「共感満足」とは子どもとのかかわりで生じる職員の満足感のことであり，この「共感満足」は「共感疲労」を緩和す

る効果がある。しかし，職員の「共感満足」が低いと「共感疲労」が倍増する。したがって，施設側（施設長や主任）は職員の「共感疲労」の度合いを察知し，必要に応じて支援を行うことが必要である（藤岡，2008）。援助者支援の具体的な内容としては，支持的なかかわり，休息を目的に外部研修に出張させる，必要であれば長期休暇を取らせるなどが考えられる。職員全員の「共感疲労」に対する意識の向上のために，「共感疲労」をテーマに施設内研究を行うことも大切であろう。職員が熱心に子どもと共感的なかかわりをもちながらメンタルヘルスを維持できる職場環境が求められる。

（スティーヴン・トムソン）

■引用・参考文献

藤岡孝志（2008）「共感疲労・共感満足と支援者支援」『児童養護』39（2），pp.24-28.
伊藤嘉余子（2007）『児童養護施設におけるレジデンシャルワーク』明石書店．
鎌田道彦・駒米勝利（2008）「児童養護施設職員へのインタビュー調査からみた集団処遇に関する悩みについて」『仁愛大学研究紀要』（7），pp.15-23.
土屋美千代（2006）「同仁学園の研修の実際——職場内研修②」『児童養護』36（3），pp.30-32.
全国児童養護施設協議会（2010）「『全国児童養護施設協議会倫理綱領』への意見を募集します」『児童養護』40（3），pp.48-51.

15章 社会的養護と地域

　施設で生活する子どもたちは、施設入所児童であると同時に、その地域の住民として、地域との接点をもつ。子どもたちの住民票も原則として、施設の所在地の市区町村に登録されている。

　家庭で育つ子どもは、家族と共にその地域に適応し、周囲の人々と良い関係を築くことでより良い成長・発達をしていく場合が多い。子どもが地域の幼稚園や学校に通い、そこで友人をつくり友人関係を通じて社会性を育むことは、その1つの例である。このように地域とのかかわりのなかで子どもたちが生活していくことは、施設で暮らす子どもたちにとっても、ノーマライゼイションの観点からも同じである。

　施設で生活する子どもたちが地域の子ども会活動に参加することも多く、また少年野球チームや少年サッカーチームなどで活動することもある。このような地域活動に参加することは、施設を閉鎖的にしないことで地域から施設が理解・評価され、ケアの質の改善・向上につながる。また子どもたちにとっても施設内の職員以外の地域の人たちと交流することで、社会性を育む大変重要な機会となっていく（永井、2010a）。

　施設入所児童が地域のなかに受け入れてもらいやすい環境を築くことによって、保育士などの職員のケアの幅を広げ、施設内ケアの質的向上が図られていく。

　一方、施設がもつ専門的機能を地域に還元していくことも、施設自体が「地

域子育て支援」の社会資源として地域福祉の向上に貢献することとなり，大変重要なことである。施設と地域との協力関係は，「施設の社会化」にとって大切な要素なのである（永井，2010a）。

1 施設と学校

（1）施設の子どもたちと学校

　施設に入所している子どもたちは，家庭で育っている子どもと同様に地域の幼稚園，小中学校，高校，特別支援学校で学校教育を受けている。または施設内の分級分校[1]で教育を受けている子どもたちもいる。子どもたちにとって，学校とは昼間の多くの時間を過ごし，また教諭や同級生とのかかわりのなかで学習面の知識だけではなく，社会的スキルも習得していく重要な場所でもある。
　児童養護施設を例にすると，現在，施設には被虐待児，発達障がい児，軽度知的障がい児，非行を行ったことのある子どもなどが入所しており，彼らは小さな身体に抱えきれないほどのさまざまな課題を背負っていることがある。それがゆえに学校生活においても，衝動的に同級生に暴力をふるってしまったり，授業中に集中力がもたなくなって教室内を徘徊したり，教室外へ出ていってしまったり，教諭からの指示が理解できなかったり，などのいわゆる「問題行動」を起こす子どもがしばしばみられる。
　しかし，子どもたちは自ら望んでそのような行動をしているわけではない。それらの問題行動は，「自分を受けとめて欲しい」「自分もより良く生きたい」などの子どもたちからのサインである。したがって，子どもたちが学校生活を円滑に，楽しく，自分らしく過ごしていくには，施設の職員と学校の教諭との密な協働が必要となる。

（2）学校との協働に向けて

　現在，子ども虐待や少年非行などが社会問題となっているが，残念ながら学

校の教諭のなかには，子ども虐待や発達障がいなど比較的新しいと思われる課題についての知識や対応方法を知らないこともある。そのような場合，子どもたちが学校で問題行動を起こすと，その子が教諭から叱られるだけではなく，「施設での『しつけ』が悪いからこんな悪いことをするのだ！」と教諭から職員が苦情を言われることもある。

　しかし，施設を閉鎖的にせず，地域において子どもたちのケアを行うには，そのような教諭に対しても，職員は確かに問題行動が良くないと認めつつも，「子どもが悪い子だから悪いことをするのではない」「施設のしつけが悪くて子どもが悪いことをするのではない」など，施設と子どもたちへの理解と協力を得られるように根気強く教諭に話をしていく必要がある。

　あるいはスクールソーシャルワーカーに仲介してもらい，話し合いをする機会をもつ。また，子どもたちが安心して学校生活を送ることができるような環境設定をスクールソーシャルワーカーに依頼することも考えられる。

　職員やソーシャルワーカーは子どもたちの「代弁者」でもあるので，日々職員は子どもの意見をじっくり傾聴し，そのうえで必要があれば学校側に毅然と意見や要望を伝えていくことも職員の専門性として求められる。

(3) 学校との協働実践

　施設の職員と学校の担任教諭との具体的な協働の例として，職員と担任教諭とで，毎日，連絡帳に職員は施設での子どもの様子を，担任教諭は学校での子どもの様子を書いて情報交換し，課題や今後のケアの目標を共有し合うことが1つの方法としてあげられる。もちろん，頻繁に電話で情報交換をすることも可能である。その場合，電話で話した内容を担当職員用の「引き継ぎノート」などに詳細に記しておくことが必要である。施設では複数の保育士・児童指導員がケアにあたっているが，そのすべての職員間で子どもたち1人ひとりに関する情報をしっかり共有しておくことも重要である。

　学校との協働においても，いつも決められた1人の職員が対応できるとは限らない。したがって誰が対応しても子どもたちのケアが円滑にすすむように，

職員は常にチームケアができるようにしておかなければならない。

　ここでA児童養護施設のBさん（女児）を担当する保育士と，Bさんの学校の担任教諭との間で交わされた連絡帳を事例としてあげる。Bさんは小学校6年生で地域のC小学校に通っている。情報交換は双方の守秘義務を守って行われる。

《事例1》

　×月×日（火曜日）

　　保育士：　昨日は算数の宿題を頑張っていました。割り算で3ケタ÷2ケタの計算に苦戦して途中で投げ出しそうになっていましたが，私がヒントを与えてなんとか仕上げることができ，本人も達成感を感じているようでした。漢字の学習と同様，3ケタの割り算も頑張ってほしいですし，そうなるように私たちもBを支援していきます。

（保育士名）

　×月×日（水曜日）

　　担任教諭：　やる気があっても，積み重なっていかない部分があるので，Bさん本人にとっても苦しいのですよね。投げ出したい気持ちでしょうが，ここでふんばれば力がついてきます。今は気持ちが前向きのようで，今日も1日中学習に意欲的で，班活動でも積極的にメンバーと一緒に作業をしていました。何事もあきらめずに取り組めるように，私も様子を見ていきます。

（担任教諭名）

　上記は，連絡帳による担任教諭との情報交換の一例である。内容は学習面のみならず生活面にもわたる。日常のささいなことも情報交換を続けると，担任教諭は施設やBちゃんのことを理解できて，それを学校教育に生かすことができる。また，保育士も学校でのBちゃんの様子がわかり，それを施設でのBちゃんへのケアに生かすことができる。そして何よりも職員と担任教諭との信頼関係が築かれ，同じ意識をもつことができるので，施設と学校とが共通理解

の下で子どもたちに対してのケアを行うことが可能となる。

　連絡帳は当然ながら子どもも読めるので，このようなことを地道に毎日続けると，子どもたちは「自分の近くにいるおとなは自分をしっかり受けとめてくれている」という安心感を得て，さらなる成長へとつながっていく。

（4）PTA活動への参加

　施設で生活する子どもたちも家庭で生活する子どもたちも地域の学校に通っているのであり，施設職員は家庭の保護者と同様に施設入所児童の保護者として役割を担い，PTA活動などにも積極的に参加して，よりよい学校づくり，よりよい地域づくりなど，子どもたちが安心して学生生活を送ることができるようにしていく必要がある。

　PTA活動は，学級委員，広報委員，運動会委員などいくつかに分かれている。そのなかから活動を遂行できる委員となり，活動をしていくことが求められる。

　たとえばPTA活動は，家庭の子どもたちの保護者と共に作業を行うので，職員と保護者が話をする機会も必然的に多くなる。したがって，地域のおとなたちに施設のことや子どもたちのことを理解してもらうことができる。もちろん，その際には個人情報への配慮が必要である。

　また一方で，PTA活動を通じて地域の子育てに関するニーズを把握し，施設が地域福祉の向上につながる福祉の専門的機能を提供することも考えられる。

　そうすることにより，「家庭の子ども，施設の子ども」ではなく，「同じ地域の子ども」として，家庭で暮らす子どもたちも施設で暮らす子どもたちも「地域で共に育てよう」という意識が生まれてくるであろう。

2 施設とボランティア

(1) ボランティアの受け入れ

　施設が地域とのかかわりをもつうえで、ボランティアは施設と地域とのパイプ役として、子どもたちにとって重要な役割をもっている。

　施設は、子どもたちへの「学習ボランティア」「あそびのボランティア」、また職員が行う家事などを援助する「家事ボランティア」「生活ボランティア」などを求めている。

　施設でのボランティアは、近隣の大学のボランティアサークルや、主婦が自主的に立ち上げたボランティアサークルが行っていることが多い。

　他には、施設で実習を終えた学生で、とても良い実習を行った学生に、施設側から「今後もボランティアとしてかかわってもらえないか」とその学生に打診して、学生が望めばそのまま今度は実習生ではなくボランティアとして施設の子どもたちとかかわっていくこともある。

　また、施設でのボランティアを希望する地域住民が、自分の住んでいる市区町村にある社会福祉協議会[2]のボランティアセンターで、ボランティアコーディネーターに相談をし、社会福祉協議会からの紹介で施設のボランティアを行っていくことも可能である。

　社会福祉協議会は地域福祉の根幹を担う社会資源であり、地域のニーズや社会資源に関する情報をたくさんもっているので、「施設でボランティアをしたいが、どうしたらいいのかわからない」という場合は、社会福祉協議会のボランティアコーディネーターに相談するとよいであろう。

　ここで、実際に施設ではボランティアをどのように受け入れているかを紹介したい。

《事例2》

　H児童養護施設では、毎年近隣のJ短期大学保育学科のボランティアサー

クルの学生を受け入れている。学生は，子どもと1対1のペアを作り，週に一度の学習ボランティアを担当する。毎年新規メンバーが加入する年度初めには，施設長がボランティアメンバーへの研修を行い，児童養護施設での活動に際しての施設からの要望を伝え，同時に学生からの意見を聞く機会を設けている。

　H施設では，学生が子どもとの1対1のかかわりでみせる様子を職員に報告したり，活動をしていて対応に困ったことなどを相談したりできるよう，活動開始前に打ち合わせの時間を，終了後に学生へのスーパーヴィジョンの時間を設けている。職員が学生と話すなかで，職員の側からだけでは見えにくい子どもの様子が学生から伝えられ，双方の子どもへの理解に役立つことが多い。

　学習時間中に学生に対して暴言を吐いて粗暴な態度をとったり，学生に甘えて困らせたりする子どもたちが，実は学生の次の訪問を楽しみに待っていることも多い。ボランティアは子どもたちの成長にとって重要な存在となっている。

　この事例にあるように，施設ではボランティアは大変貴重な人的資源となっている。またボランティア活動を通じての学生からの率直な感想や意見は，とかく閉鎖的で自己完結的になりがちな施設において，地域住民の感覚を直接聞くことができるので，保育士にとっては子どもたちへのケア実践を見直す重要な参考意見にもなっている。他にも施設の行事（たとえば「子どもの日」を祝う行事，バザーなど）で，施設を地域との交流を図る拠点にしていくために，ボランティアに協力を要請することもある。

（2）ボランティア受け入れの際の留意点

　以上のように，施設へのボランティアの導入がいかに重要かを述べてきたが，ここではボランティア導入にあたって施設が留意すべき点を述べる。

15章　社会的養護と地域

> ボランティア導入にあたっての注意点
> ・活動内容を施設側が明確にし，守秘義務を記載した契約書等を作成する。
> ・ボランティア自身の動機付けや適性を十分見極め，人物を確認する。
> ・子どもへの禁止事項や配慮すべきことを明確に記す。
>
> （高橋・村田・吉田，2009）

　ボランティアが活動を開始する前に，施設は上記のことをボランティアとの間でしっかりと確認しておかなければならない。なぜならば，施設は1人ひとり違う非常に複雑なニーズを抱えた子どもたちが生活する場であり，すべての子どもたちにとって常に心身ともに安全が保障されなければならないからである。

　子どもたちが安心できる生活環境設定は，職員と同様にボランティアにも当然求められる。また「プライバシーの侵害，体罰などの不適切なかかわり，性的な嫌がらせや，特に宗教，信条などの押し付けなどは禁じられる」（高橋・村田・吉田，2009）。

　そして，担当ボランティアとの関係について子どもたち自身がどのような感情や意思をもっているかを，日ごろから職員が子どもたちの話を傾聴し，理解しておくことも大事である。それは「子どもの権利条約」第12条の「子どもの意見表明権」から考えてみても，何よりも「子どもたちの最善の利益」への配慮がもっとも重要なことだからである。

　また一方ではボランティアからも常に子どもたちとの関係について話を聞き，スーパーバイズする必要もある。そして場合によっては，子どもとボランティアの関係に介入してより良い関係づくりを試みたり，担当ボランティアを別のボランティアに変えたりすることも考えられる。

　被虐待児など自己肯定感が非常に乏しいケースもあるので，担当ボランティアとの関係がうまくいっていないと，子どもたちのなかには「自分が悪いからだ」と自分を責め，自己否定感をより一層強くしてしまうことがある。これは

絶対に防ぐべきである。

こういった課題を解決しながら，施設はこれからもボランティアを貴重な人的資源として受け入れ，ボランティアが子どもたちの日常生活において自然な形で存在していくことをコーディネートしていかなければならない。

3 施設とその他の社会資源

(1) 地域の医療機関との協働

現在，施設には被虐待児，親を亡くした子どもたち，非行児童，発達障がい児，知的障がい児，肢体不自由児など，多種多様でケアが難しい子どもたちの多くが，それぞれのニーズに合う施設に入所している。

たとえば，子ども虐待に関しては，厚生労働省が2008年2月1日に全国の「児童養護施設」「情緒障害児短期治療施設」「児童自立支援施設」「乳児院」の全入所児童を対象に調査して，2009年7月に発表したところ，「虐待経験有り」という回答は，児童養護施設では53.4％，情緒障害児短期治療施設では71.6％，児童自立支援施設では65.9％，乳児院では32.3％であった。また，障がい児の施設でも近年被虐待児の入所が増えている。

被虐待児はPTSDを抱えていることもある。「他者との信頼関係の構築の苦手さ」「おとなの怒りをあえてかきたてるような行動」「暴言・暴力」「自傷行為」「過食または拒食」「解離」「自己肯定感が著しく低い」「うつ状態」「フラッシュバック」などはその一例であり，さらに多くの症状や行動が見られる。

そして，被虐待児はPTSDからくる問題行動（しかしそれは子どもたちからのSOSのサインであろう）を起こすことがしばしばある。

子どもたちのサインを見逃さず，皆が健全に育成されるように，まず担当職員が施設内で子どもたちへの専門的な生活支援を行う必要がある。また施設の心理療法担当職員に心理的ケアを受ける子どもたちもいる。

それ以外にも，子どもが地域の精神科診療所を受診して服薬をしたり，担当

職員がその精神科医との情報交換を密にしたりするケースもある。

　また，このように専門職それぞれが子どもたちへの専門的ケアを行うだけではなく，必要があれば，施設の担当職員・心理療法担当職員・被虐待児個別担当職員，学校の担任教諭・スクールソーシャルワーカー・スクールカウンセラー，受診している診療所の精神科医・精神保健福祉士，児童相談所の児童福祉司・児童心理司など，当該児童に日々かかわっている地域の専門職がケース会議を開き，今後のケア方針を議論して，結果を共有して当該児童の専門的ケアを行っていくこと，そしてそのケース会議を定期的に行うことも重要である。

(2) 司法との協働

　施設と司法（とくに警察署少年課）との協力体制も子どもたちの健全育成には欠かせない要素である。施設の思春期児童のなかには，深夜の無断外出や，商店から品物を盗んでくるといった問題行動をする子どももいる。

　したがって日ごろから，施設がある地域の警察署少年課の警察官と協力体制を築いておく必要もある。それにより，警察官が深夜パトロール中に，繁華街にいる施設の子どもを発見し，身柄を保護し，施設に連絡をくれるはずである。そうすれば子どもが危険な目にあうリスクを少しでも減らしていけるであろう。

　また，たとえばコンビニエンスストアから品物を盗んで警察に補導された子どもがいたら，施設職員は保護者として店に対してしっかりと謝罪し，警察署で子どもと一緒に警察官と話し，子どもの身元を引き受けて施設へ戻る。

　深夜の無断外出も，商品を盗むことも，子どもたちからのSOSのサインである。それを理解したうえで，職員は「してはいけないこと」として子どもたちに理由をつけて毅然として言い聞かせなければならない。

　ただし，施設と警察の協力は，ただ当該児童を叱ったり，罰を与えたりすることを目的としているのではない。子どもたちが安心して安全に地域で暮らし，社会的スキルを習得することが必要だからである。

　良いときも悪いときも職員は「子ども中心」でケアをするのである。それを根気強く地道に続けていくことで，入所当時は他人との信頼関係を築くことが

苦手だった子どもたちも,「自分は受けとめられている」と実感し,少しずつ少しずつ「愛着」や「他者との信頼関係」を再構築できるようになるであろう。

4 施設の専門機能の地域への還元

(1) 相談援助活動

　施設が地域の社会資源を活用するのと同時に,施設のもつ子どもに関する専門機能を地域に還元することも,「施設の社会化」として重要なことである。
　現代社会では,家庭は子育てに関してさまざまな課題を抱えており,地域に気軽に育児相談ができる場が必要とされている。施設に附置された児童家庭支援センターや市区町村より委託されている子育て支援センターなどが,施設における専門的機能を生かして子育てに関する相談援助を行っている (永井, 2010b)。
　また,障がい児の場合,知的障害児通園施設や肢体不自由児通園施設で,ソーシャルワーカーが障がい児をもつ親からの個別的な療育相談や就学相談などを受け付けており,他にも母親教室を開いて,障がい児をもつ母親たちにグループワークを通じて相談援助を行っている。

(2) 一時預かり活動

　保護者の病気,出産,出張,育児疲れ,社会的事由などにより一時的に家庭での子育てが困難になったときに,児童養護施設や乳児院などで短期的に子どもを預かる「ショートステイ(短期入所生活援助事業)」がある。また,保護者が仕事等の理由によって,平日の夜間および休日に家庭での養育が困難な場合に預かる「トワイライトステイ(夜間養護事業)」もある。また緊急時の一時保護などを行うこともできる。

(3) 研修会実施活動

　施設の職員は，子ども虐待，少年非行，障がい，子どもが大切な人を失った際の喪失感など，子どもが抱えざるをえなくなった課題，またそのような子どもへの対応方法などの専門的知識・技術を豊富にもっている。

　地域住民に対して，複雑な課題をもつ子どもに対する知識や技術について，施設職員が提供することも施設と地域の協働にとって重要なことである。

　場合によっては，行政機関に研修会の企画をもち込み，市区町村の協賛を受けて市報などで広く地域住民に告知し，市民ホールや公民館などで上記の内容の研修会を実施することも考えられる。このようなソーシャルアクションも非常に重要なことである。

5 社会的養護と地域

　子どもたちや施設職員が，地域との相互交流を図ることは，施設の子どもたちが社会性を育み，成長していくうえで重要であるだけでなく，地域住民も施設や施設の子どもたちを理解し，「地域で共に育てていく」という共通意識がうまれ，「地域子育て支援」の連携が発展していくであろう。

　また，閉鎖的になりやすい施設養護にとって，施設ケアに地域の視点（第三者の視点）が入ることによって，さまざまな意見を聞くことができるため，子どもたちへのケアの質の向上につながる。したがって，施設と地域との協働は，施設での子どもたちへのケアがより良質となっていく大切な要素となる。そして何よりも，施設内虐待などの不適切なかかわりが起こらないようにする「子どもたちの権利擁護」にとっても非常に重要なことである。

（永井　亮）

■引用・参考文献

永井　亮（2008）「人権回復のための児童養護施設の課題──施設を子どもたちの人

権回復の場として定着させるために」『学校法人ルーテル学院研究紀要』41
永井　亮（2010a）「第3章 学校と地域の協力」櫻井奈津子編著『子どもと社会の未来を拓く養護内容——保育士のためのワークブック』青踏社, p.66.
永井　亮（2010b）「第4章 施設養護の実際」櫻井奈津子編著『子どもと社会の未来を拓く養護原理』青踏社, pp.127-129.
社会福祉士養成講座編集委員会（2010）『児童や家庭に対する支援と児童・家庭福祉制度』中央法規
社会福祉士養成講座編集委員会（2010）『地域福祉の理論と方法』中央法規
高橋一弘・村田紋子・吉田真理（2009）「第9講-3 地域のボランティアと施設」『児童の福祉を支える【演習】養護内容』萌文書林, p.127.

■注
（1）施設内の分級分校とは，施設内に設置された地域の公立学校の分教室で，その本校の教員が授業を行う。情緒障害児短期治療施設や児童自立支援施設に多い。
（2）社会福祉協議会とは，地域住民が主体となって地域社会における社会福祉の問題を解決し，その改善向上を図るため，公私関係者の参加協力を得て組織的活動を行うことを目的とする民間の自主的な組織である。市町村（区も含む）社会福祉協議会は社会福祉法第109条に，都道府県社会福祉協議会は同法第110条にその設置規定がある。

※本章に記されている事例は，個人情報保護の観点から，特定の人物や社会資源を識別できないように複数の事例を組み合わせて筆者が加工したものである。

索引

■A～Z

DSM-Ⅳ-TR　161
DV　71,72,73
ICD-10　161

■あ行

愛情を刺激する対象への攻撃性　112
愛着形成不全　74
愛着障がい　74
愛着理論　64
アセスメント　93
アフターケア　74,165,174-177
育児施設　50,51,53
石井十次　50
石井亮一　51
一時帰宅　155
一時保護所　103
受け入れ環境の調整　91
援助技術　211-212
援助者支援　217-218
生い立ちの整理　170
岡山孤児院　50
親子関係のグッドサイクル　147

■か行

学習権　104,168
学習障害　17-18
確認　99
家族関係の調整　150
家族再統合　155
価値観・倫理　210,214-216
家庭学校　50
家庭支援専門相談員　26,28,63,74,176,190

家庭的養護　183
家庭復帰　174,176
家庭養護　22
感化教育事業　50
関係機関との連携　150
感情のコントロール障がい　113
管理的養育　114
棄児養育米給与方　50
季節里親　182,187
基礎知識　211
基本的生活習慣　109
虐待　14,73,139,140,142,143,144,152,154,155,158,194
虐待予防と問題が発生した場合の「ガイドライン」　200
救護法　52
共感疲労　217
協働子育て　158
グループホーム　125
計画の見直し　99
経済的自立　165
経済的に困窮　144
ケース概要票　95
ケースカンファレンス　155
ケース検討会議　95
広汎性発達障がい　17
子ども・子育てプラン　185
子どもからの対職員暴力　196
子ども間の暴力　196
子ども虐待のバッドサイクル　145,146
子どもの最善の利益　214-215
個別対応職員　63
コミュニティアプローチ　150

232

コモンセンス・ペアレンティング　147
混合処遇　104

■さ　行

里親　181
里親委託　181
里親が行う養育に関する最低基準　181
里親研修　189
里親支援　191
里親制度　32,180
里親手当て　181
里親養育　181
事後評価　98
自己目標・計画　99
施設外研修　214
施設見学　91
施設職員による子ども虐待（施設内虐待）
　　195
施設内研修　213-214
施設内の分級分校　220,231
施設の社会化　220,229
施設の小規模化・地域化　29
児童虐待の防止等に関する法律　58
児童虐待防止法　53
児童指導員　74
児童自立支援計画票　108
児童自立支援施設　26,31,64
児童自立生活援助事業　175
児童相談所　103,154,155,157,176,177
児童福祉施設最低基準　55,104,122,198
児童福祉法　19,55
児童保護事業　52
児童養護　22
児童養護施設　26,28,56,58,73,78,80,105,124,
　　150,151,158
児童養護施設入所児童等調査結果の概要　14
社会経済的な問題　143

社会的自立　164,165,166
社会的排除　59
社会的養護　22,124,159
社会福祉協議会　224,231
恤救規則　50
奨学金制度　173
小規模グループケア　75,128
小規模住居型児童養育事業　78
小舎制　125
情緒障害児短期治療施設　26,30,66
ショートステイ　22,75,229
職員の専門性　209-212
食生活　167
自立援助ホーム　68,175
自立支援　83
自立支援計画　93
自立支援計画の策定過程　95
「自立」に向けた姿勢　195
人権侵害の防止　216
親族里親　183
身辺自立　165
心理療法を担当する職員　74
進路指導　171
進路保障　172
スーパーヴィジョン　213,225
スクールソーシャルワーカー　221
ストレスケア　203,206
生活指導訓練費　168
精神科　152,154,161
精神的自立　166
絶対的信頼　114
セラピー　154
全国児童養護施設協議会倫理綱領　214-216
戦災孤児等保護対策要綱　54
専門里親　182
専門里親研修　183
ソーシャルアクション　230

ソーシャルワーク　150
組織，システムの機能不全　198
措置児童票　107
措置変更　158

■た　行
大舎制　124
対人関係能力　169
滝之川学園　51
試し行動　198
地域活動　155
地域資源の活用　150
地域小規模児童養護施設　22,75,122
チーム　158
力による支配　204
知的障害児施設　157
注意欠陥多動性障害　17
中舎制　124
長期・短期目標　98
特別支援学級　151,152,154,157,173
留岡幸助　50
トワイライトステイ　22,75,229

■な　行
乳児院　26,62,154,155
ノーマライゼーション　219

■は　行
ハインリッヒの法則　204
発達障がい　150,151,152,153,158,159
被虐待児個別対応職員　74
被虐待体験　150,158,159
秘密保持　215
貧困　144,145,149

ファミリー・ソーシャルワーカー　28,63,176,190
ファミリーホーム　78
不適切なかかわり　195
プライバシー　215
フラッシュバック　74
浮浪児　54
分園型自活訓練事業　75,128
ペアレント・トレーニング　147
保護的干渉主義　132
母子生活支援施設　70
母子保護　53
ホスピタリズム論争　59
ボランティアコーディネーター　224

■ま　行
メンタルヘルス　217-218
燃え尽き症候群　85
モニタリング　99

■や　行
養育里親　182
養護学校　152,173
養護施設　55,57,58,59
養子縁組里親　183
要保護児童対策地域協議会　176

■ら　行
リービングケア　83,130
理事会が機能　205
リスクマネジメント　200
レスパイトケア　189

編　者

庄司　順一（しょうじ　じゅんいち）　元青山学院大学教育人間科学部教授
鈴木　力（すずき　つとむ）　関東学院大学人間環境学部准教授
宮島　清（みやじま　きよし）　日本社会事業大学専門職大学院准教授

著　者〈執筆順，（　）は執筆担当箇所〉

鈴木　力（すずき　つとむ）（1・2章・5章③(1)(2)・コラム2）編者
尾島　豊（おじま　ゆたか）（3章）長野県短期大学准教授
山内　陽子（やまうち　ようこ）（4章）青山学院大学教育人間科学部非常勤講師
谷口　純世（たにぐち　すみよ）（5章①②③(3)〜(5)④）愛知淑徳大学福祉貢献学部准教授
相澤　仁（あいざわ　まさし）（6章）国立武蔵野学院院長
有村　大士（ありむら　たいし）（コラム1）日本社会事業大学社会福祉学部准教授
側垣　二也（そばがき　つぎや）（7章）社会福祉法人聖ヨハネ会　しお子どもの家施設長
太田　一平（おおた　いっぺい）（8章）社会福祉法人和敬会　児童養護施設八楽児童寮施設長
野口　啓示（のぐち　けいじ）（9章）社会福祉法人神戸少年の町施設長
安部　慎吾（あべ　しんご）（10章）児童養護施設唐池学園児童指導員
星野　崇啓（ほしの　たかひろ）（コラム3）国立武蔵野学院医務課長
武藤　素明（むとう　そめい）（11章・コラム4）児童養護施設二葉学園・二葉むさしが丘学園統括施設長
窪田　道子（くぼた　みちこ）（12章）神奈川県立中里学園　FSW
村井　美紀（むらい　みき）（13章）東京国際大学人間社会学部准教授
スティーヴン・トムソン（14章）横浜女子短期大学准教授
永井　亮（ながい　りょう）（15章）日本福祉学院社会福祉士科非常勤講師

社会的養護シリーズ 2
施設養護実践とその内容
2011 年 11 月 30 日　初版第 1 刷発行
2014 年 7 月 10 日　　　第 2 刷発行

編　者　　庄司 順一・鈴木 力・宮島 清
発行者　　石井 昭男
発行所　　福村出版株式会社
〒 113-0034　東京都文京区湯島 2-14-11
電話　03-5812-9702　FAX　03-5812-9705
http://www.fukumura.co.jp

印刷　　株式会社文化カラー印刷
製本　　協栄製本株式会社

©Junichi Shoji, Tsutomu Suzuki, Kiyoshi Miyajima　2011
Printed in Japan
ISBN978-4-571-42511-0
乱丁本・落丁本はお取替え致します。
定価はカバーに表示してあります。

社会的養護シリーズ

1 里親養育と里親ソーシャルワーク

庄司順一・鈴木力・宮島清＝編

内容構成

- 1章　里親制度の概要　庄司順一
- 2章　里親養育の歴史的な流れ　鈴木力
- 3章　里親制度と養子縁組　森和子
- 4章　里親制度と法　小圷淳子
- 5章　海外の里親制度　林浩康
- 6章　里親養育の実際　渡邊守
- 7章　里親養育における子どもの自立支援と委託解除後の課題　和泉広恵
- 8章　里親会の現状と里親支援機関の可能性　木ノ内博道
- 9章　里親の養育力・専門性の向上とトレーニング　櫻井奈津子
- 10章　里親ソーシャルワークの意義と内容　宮島清
- 11章　里親の開拓および申請・認定・登録の流れと留意点　長田淳子
- 12章　子どものニーズとマッチング，委託までのプロセス　佐藤隆司
- 13章　里親が抱えるニーズと里親支援　戸田朱美
- 14章　子どもと里親が困難を抱えるときの支援　愛沢隆一
- 15章　実親の生活課題と子どもとの交流　宮島清
- コラム1　物語り・歴史にみる里親に委託された子ども　庄司順一
- コラム2　パーマネンシー・プランニングと里親養育　平田美智子
- コラム3　障がいをもった子どもの里親養育　川名はつ子
- コラム4　実子の立場と里親家庭　中島理子
- コラム5　里親自助グループ（FCG）の取り組み　岡崎京子

里親ソーシャルワークを重要な柱と位置付けつつ「里親」を総括的に学ぶことができます。
ISBN978-4-571-42510-3　244頁

2 施設養護実践とその内容

庄司順一・鈴木力・宮島清＝編

内容構成

- 1章　社会的養護における施設養護の意味と課題Ⅰ　鈴木力
- 2章　社会的養護における施設養護の意味と課題Ⅱ　鈴木力
- 3章　施設養護の歴史　尾島豊
- 4章　児童養護にかかわるその他の施設　山内陽子
- 5章　施設養護の基本的な概念　谷口純世
- 6章　施設入所までの支援・自立支援計画　相澤仁
- 7章　養育の実際　側垣二也
- 8章　小規模ケアの場合　太田一平
- 9章　親とのかかわりにおける養育と家族再統合　野口啓示
- 10章　児童養護施設における発達障がいや虐待が背景にある子どもの自立支援について　安部慎吾
- 11章　退所に向けての支援とアフターケア　武藤素明
- 12章　社会的養護としての里親委託・里親との連携　窪田道子
- 13章　入所している子どもの権利擁護　村井美紀
- 14章　職員の育成，倫理，メンタルヘルス　スティーヴン・トムソン
- 15章　社会的養護と地域　永井亮
- コラム1　一時保護所における問題と課題　有村大士
- コラム2　乳児院の現状とこれからに向けて　鈴木力
- コラム3　精神科との連携　星野崇啓
- コラム4　①当事者参加によるふらっとホーム事業の役割の重要性と拡充策を　②社会的養護を必要とする子どもへの長期的支援を支えるために　武藤素明

施設養護内容について体系的に幅広く理解するため，施設養護の実際や新たな知見についても網羅されています。
ISBN978-4-571-42511-0　240頁

〈全4巻〉 元青山学院大学教授 関東学院大学准教授 日本社会事業大学准教授
庄司順一・鈴木 力・宮島 清 編
A5判・並製
各巻定価
（本体2,400円+税）

3 子ども虐待の理解・対応・ケア

内容構成

- 1章　子ども虐待とは何か　川﨑二三彦
- 2章　子ども虐待の実態　有村大士
- 3章　子ども虐待の認識の歴史　澁谷昌史
- 4章　虐待が子どもに及ぼす影響　松田博雄
- 5章　子ども虐待対応にかかわる制度と児童相談所
　　　　加藤芳明・浜田尚樹・長谷川 愉
- 6章　虐待をめぐる法的問題　鮎京眞知子・磯谷文明・平湯真人
- 7章　子ども虐待の予防　中板育美
- 8章　子ども虐待への初期対応　宮島 清
- 9章　地域での支援　加藤曜子
- 10章　虐待を受けた子どものケア（1）在宅の場合　白石淑江
- 11章　虐待を受けた子どものケア（2）親子分離をした場合　鈴木 力
- 12章　虐待を受けた子どものケア（3）情緒障害児短期治療施設の場合　髙田 治
- 13章　虐待をする保護者への支援　スティーヴン・トムソン
- 14章　虐待を受けた子どもの心理と行動　山﨑知克
- 15章　虐待を受けた子どもの心理的ケア　西澤 哲
- コラム1　各地の虐待防止の取り組み　吉田恒雄
- コラム2　児童養護施設の小規模化の方向性をめぐって　鈴木 力
- コラム3　専門里親制度　宮島 清
- コラム4　社会的養護が必要な子どもたちにCAPを　西村説子

虐待の実態と，虐待と最前線でたたかう各執筆者の知見から子ども虐待を乗り越える方略を考えます。
ISBN978-4-571-42512-7　232頁

4 子ども家庭支援とソーシャルワーク

内容構成

- 1章　社会的養護と子育て支援を連続するものとしてとらえる意義と意味　鈴木 力
- 2章　要保護性が疑われる子どもへの在宅支援　中島理子
- 3章　子どもと家族のニーズの把握・アセスメント・支援の留意点　宮島 清
- 4章　母子保健における子ども家庭支援　柴原君江
- 5章　保育所における子ども家庭支援　尾木まり
- 6章　児童館・学童保育所における子ども家庭支援　下浦忠治
- 7章　市区町村児童福祉主管課と子ども家庭支援　片岡玲子
- 8章　DVがある家庭への支援とそのための社会資源　土渕美知子
- 9章　生活保護と子ども家庭支援　大山典宏
- 10章　子ども家庭支援における市民の力　森田圭子
- 11章　子ども家庭支援における学校との連携　横山和恵
- 12章　子ども家庭支援における医療との連携　松田博雄
- 13章　民生・児童委員による子ども家庭支援　重田正紀
- 14章　子ども家庭支援と家庭裁判所　若穂井 透
- 15章　保護を要する子どもの在宅支援の課題と展望　宮島 清
- コラム1　児童家庭支援センターの可能性・期待　宮本敬彦
- コラム2　MCG「母と子の関係を考える会」の取り組み　広岡智子
- コラム3　電話相談の意義と実際　龍野陽子
- コラム4　訪問型子ども家庭支援（ホームビジティング）の可能性　西郷泰之
- コラム5　スクールソーシャルワーカーをめぐる動き　穂苅 幸

さまざまな課題を抱える子どもと家族への在宅支援について，ソーシャルワーク実践を作るための提案を学びます。
ISBN978-4-571-42513-4　244頁

福村出版◆好評図書

武藤素明 編著
施設・里親から巣立った子どもたちの自立
●社会的養護の今
◎2,000円　ISBN978-4-571-42046-7　C3036

アンケート調査と当事者の経験談から日本における児童福祉及び社会的養護からの自立のあるべき姿を模索する。

M.ラター 他 著／上鹿渡和宏 訳
イギリス・ルーマニア養子研究から社会的養護への示唆
●施設から養子縁組された子どもに関する質問
◎2,000円　ISBN978-4-571-42048-1　C3036

長期にわたる追跡調査の成果を，分かり易く，45のQ＆Aにまとめた，社会的養護の実践家のための手引書。

堀場純矢 編著
子どもの社会的養護内容
●子ども・職員集団づくりの理論と実践
◎2,200円　ISBN978-4-571-42049-8　C3036

子ども・職員集団づくりなど本質的課題を基軸に，職員の労働条件など社会科学的な視点で社会的養護を解説。

増沢 高・青木紀久代 編著
社会的養護における生活臨床と心理臨床
●多職種協働による支援と心理職の役割
◎2,400円　ISBN978-4-571-42047-4　C3036

社会的養護で働く心理職の現状と課題を踏まえ，多職種協働の中で求められる役割，あるべき方向性を提示。

S.バートン・R.ゴンザレス・P.トムリンソン 著／開原久代・下泉秀夫 他 監訳
虐待を受けた子どもの愛着とトラウマの治療的ケア
●施設養護・家庭養護の包括的支援実践モデル
◎3,500円　ISBN978-4-571-42053-5　C3036

虐待・ネグレクトを受けた子どもの治療的ケアと，施設のケアラー・組織・経営・地域等支援者を含む包括的ケア論。

野口啓示 著
被虐待児の家族支援
●家族再統合実践モデルと実践マニュアルの開発
◎3,800円　ISBN978-4-571-42015-3　C3036

児童養護施設で長年実践に携わる著者が，被虐待児の家族再統合プログラムの開発を詳述。専門家必読の書!!

深谷昌志・深谷和子・青葉紘宇 編著
社会的養護における里親問題への実証的研究
●養育里親全国アンケート調査をもとに
◎3,800円　ISBN978-4-571-42052-8　C3036

養育里親への全国調査をもとに里親と里子の抱える課題を明らかにし，これからの家庭養護のあり方を問う。

◎価格は本体価格です。